企业财税法

实务案例
与合同管理

方敏霞◎编著

中国铁道出版社有限公司
CHINA RAILWAY PUBLISHING HOUSE CO., LTD.

北 京

图书在版编目（CIP）数据

企业财税法实务案例与合同管理/方敏霞编著 . ——
北京：中国铁道出版社有限公司，2023.9
ISBN 978-7-113-30370-9

Ⅰ. ①企… Ⅱ. ①方… Ⅲ. ①企业-财政法-案例-中国②企业-
税法-案例-中国③企业-经济合同-管理-中国 Ⅳ. ①D922.205
②D923.64

中国国家版本馆 CIP 数据核字（2023）第 128953 号

书　　名：企业财税法实务案例与合同管理
　　　　　QIYE CAISHUI FA SHIWU ANLI YU HETONG GUANLI
作　　者：方敏霞

责任编辑：王淑艳　　　编辑部电话：(010)51873022　　　电子邮箱：554890432@qq.com
封面设计：末末美书
责任校对：刘　畅
责任印制：赵星辰

出版发行：中国铁道出版社有限公司（100054，北京市西城区右安门西街 8 号）
网　　址：http://www.tdpress.com
印　　刷：北京联兴盛业印刷股份有限公司
版　　次：2023 年 9 月第 1 版　　2023 年 9 月第 1 次印刷
开　　本：710 mm×1 000 mm 1/16　印张：14　字数：210 千
书　　号：ISBN 978-7-113-30370-9
定　　价：79.80 元

财务的前途

财务是每家企业必设的岗位，发挥着不可替代的作用，但是财务又有一定的局限性，核算能力很强，管理能力不足。随着企业不断创新与发展，对财务人员的综合技能提出了更高的要求，而要满足企业的管理要求，财务人员一定要学习"业财税法"专业知识，只有这样才能降低企业的风险和成本，也能为企业财富保驾护航。

笔者的体会

社会上不缺少优秀的财务人员，缺乏的是能与业务部门沟通的人。财务作为企业内部运营的传动带，连接着各个部门，只要与钱有关，财务就不无处不在。财务对外提供企业运营的数据，对内协助其他部门的工作。财务职能的发挥离不开企业负责人对财务岗位的重视。一些企业负责人出了问题才感觉财务非常重要。为什么这些企业负责人不重视财务？主要是因为缺乏可以沟通的"语言"。"财税法"都是非常专业的工作，而大部分企业，特别是中小微企业还是停留在找订单、抓销售的阶段，没有精力多了解复杂的财税知识，而企业面对来自大数据管控、信用风险的警示越来越多，那就需要搭设可以沟通的"语言"——通过财务商业语言来打通两者之间的沟壑。

本书特色

● 案例解说：笔者在书中运用了大量的真实案例，帮助读者高效、直观地学习重点内容。

● 从零开始：从企业的成立开始讲解，详细介绍企业生命周期内常见的法务、税务问题。

● 经验总结：全面归纳和整理作者多年的企业"财税法"服务实践经验。

● 内容实用：结合大量实例进行讲解，并结合企业实际情况进行拆解分析。

● 赠送PPT：笔者专门为本书制作了教学PPT，以方便相关老师教学时使用。

本书内容

本书内容分为三篇：上篇主要介绍合伙人与股东、内部架构搭建、公司章程、法律风险、中小微企业制度的设立等；中篇主要介绍税种、合同风险的把控、日常经营管理中会忽视的外部工作；下篇通过案例把企业常见经营风险进行剖析拆解，用财务商业语言化解业务和财务之间沟通屏障，为企业运营管理打开思路，并提供参考方案。

读者对象

- 财务零基础入门人员；
- 企业综合管理与运营人员；
- 企业中高层管理人员；
- 企业负责人；
- 对财务 BP、内控管理有兴趣人员。

假如读者阅读本书过程中遇到问题，可以通过邮件与笔者联系，常用的电子邮箱是 18979740278@189.cn，欢迎批评与指正。

教学 PPT 扫下面二维码下载，或在百度网盘上下载。

链接：https://pan.baidu.com/s/1SO3zRVlNpPWeqkS_z1Z5IA
提取码：ablp

目　录

中篇 税务管理

**第 9 章
发票（票证）** / **104**

V

第15章
退出前不准备，退出后两行泪　　　/　207

上篇

法律主体选择与制度建立

本篇从合伙人与股东在法律和税法上的定义、公司内部架构搭建、企业组织类型在法律和税务上的区别、股份与股权在经营中的区别和风险等，多维度为大家阐述创立公司时合伙人选择对经营的影响。

第 1 章

合伙人与股东

2014 年 5 月 17 日，陈可辛导演的电影《中国合伙人》上映，就以浓浓的励志色彩，释放出梦想的力量。这种力量，让无数亲历者感同身受。电影告诉我们：一个人趋于绝望的时候，做出的选择往往是正确的。创业是艰辛的，然而当一个人尝遍了所谓的酸痛后，会发现自己曾经是多么的幼稚，事业的成功更需要英明的引导者。

2020 年以来，中小微企业也承受着沉重的压力，艰难地维持着。那合伙人和股东是同一种人吗？

1.1 │ 角色的差异化

商业模式中的合伙人与股东，比如事业合伙人、权益合伙人等，是在商业模式中进行管理和激励创造出来的，跟我们法律规定的合伙人有本质的区别。

合伙人是指投资组成合伙企业，参与合伙经营的组织和个人，以其资产进行合伙投资，参与合伙经营，依协议享受权利，承担义务。合伙人应具有民事权利能力和行为能力。合伙人可以分为普通合伙人和有限合伙人。普通合伙人对合伙企业债务承担无限连带责任；有限合伙人以出资为限，对合伙企业债务承担有限责任。成立的合伙企业是非法人主体，如图 1-1 所示。

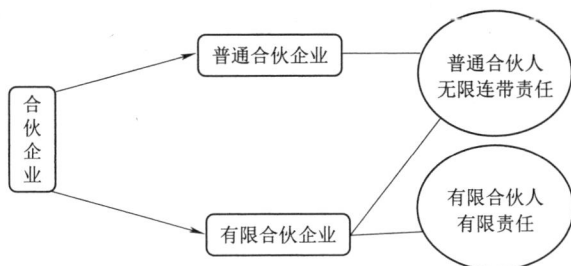

图 1-1 合伙企业角色和责任

股东是有限责任公司或股份公司中持有股权或股份的人，是依照《中华人民共和国公司法》（以下简称《公司法》）成立的有限责任公司和股份有限公司，即独立法人单位的投资人（股东名册置备于公司，进行市场主体登记）。

两者的差异，见表 1-1。

表 1-1 合伙人与股东的区别

不同点	身 份	
	股东	合伙人
出资不同	不允许劳务出资	可以用货币、实物、知识产权、土地使用权等财产出资之外，也可以用劳务出资
责任形式不同	以公司自有财产承担有限责任	除有限合伙企业以外，都承担无限连带责任
行使经营管理权不同	参加股东会（大会），选举董事或执行董事，成立监事会或监事	有限合伙人不参与合伙企业的管理，普通合伙人可以作为合伙企业的执行人，也可以委托一名或几名普通合伙人执行合伙企业事务

1.2 有限公司股东八个核心持股比

有限公司兼具"人合"和"资合"两种属性。有限公司人合属性体现在：股东是基于股东间的信任而集合在一起，股东间的关系较为紧密；股东人数有上限，不超过 50 人。《公司法》赋予股东通过公司章程设计治理规则的空间很大；股东对外转让股权有一定的限制。资合的属性则体现在，有限公司是有"注册资本"的，需要股东按《公司法》和公司章程的相关规定，履行认缴出资，合法、合规地使用股东出资，不侵害股东及其他第三方的利益。表 1-2 列示了有限公司股东常见持股比例所代表的含义。

表 1-2　有限公司八个持股比例

持股比例	含义	详解
1%	股东代表投诉线	当董事、高管侵害公司利益时，有权提起诉讼
3%	股东提案资格线	提交股东大会议案
10%	股东大会召集线	拥有申请法院解散公司和召集临时股东会的权利
	申请公司解散线	
20%	重大影响线	根据《企业会计准则》，股东持股比例超过 20% 但未达到 50%，属于有重大影响，要用权益法核算
25%	外资待遇线	在中外合资企业中，外国投资比不低于 25%，才能享受外商投资企业待遇
34%	股东捣蛋线	对股东会的七类事项决策拥有一票否决权
51%	绝对控股线	除七类事项外，拥有决策权
67%	完美控制线	对股东会所有决策，均有一票通过权

1.3 | 公司章程约束力

由于有限公司兼具"人合"和"资合"两种属性，因此，作为持股一方，往往因其特定的技术、才能、社会资源等因素获得股东地位，股东之间存在一定的利益分配或权力制衡的因素，公司股权结构往往经过充分而细致的考量，股权结构的稳定对公司的经营和治理有着极为重要的影响。基于这种"人合"的属性，《公司法》赋予了有限公司股东对公司治理更多的自治性，因此，股东间权利义务以公司章程进行自由约定的空间更大。以下是关于公司章程意思自治的常识。

（1）章程可以约定"分红比例与出资比例不一致"。

> 《公司法》第三十四条　股东按照实缴的出资比例分取红利……但是全体股东约定不按照出资比例分取红利……的除外。

（2）章程可以约定"不按出资比例优先认缴出资"。

《公司法》第三十四条 ……公司新增资本时，股东有权优先按照实缴出资比例认缴出资。但是，全体股东约定……不按照出资比例优先认缴出资的除外。

（3）章程可以约定"股东持股比例可与出资比例不一致"。

最高人民法院曾以"（2011）民提字第6号"判决书，对深圳市某信息技术有限公司与郑州某投资有限公司等公司股权确认纠纷案进行判决。该案例被最高人民法院公报收录，该案裁判摘要：在公司注册资本符合法定要求的情况下，各股东的实际出资数额和持有股权比例应属于公司股东意思自治的范畴。股东持有股权的比例一般与其实际出资比例一致，但有限责任公司的全体股东内部也可以约定不按实际出资比例持有股权，这样的约定并不影响公司资本对公司债权担保等对外基本功能实现。如该约定是各方当事人的真实意思表示，且未损害他人利益，不违反法律和行政法规的规定，应属有效，股东按照约定持有的股权应当受到法律的保护。

（4）章程可以约定"表决权可与出资比例不一致"。

《公司法》第四十二条 股东会会议由股东按照出资比例行使表决权；但是，公司章程另有规定的除外。

（5）章程可以约定"剥夺股权转让时其他股东的同意权"。

《公司法》第七十一条 有限责任公司的股东之间可以相互转让其全部或者部分股权。股东向股东以外的人转让股权，应当经其他股东过半数同意。股东应就其股权转让事项书面通知其他股东征求同意，其他股东自接到书面通知之日起满三十日未答复的，视为同意转让。其他股东半数以上不同意转让的，不同意的股东应当购买该转让的股权；不购买的，视为同意转让。

……………

公司章程对股权转让另有规定的，从其规定。

（6）章程可以约定"限制股权转让时其他股东的优先认购权"。

《公司法》第七十一条 ……经股东同意转让的股权，在同等条件下，其他股东有优先购买权。两个以上股东主张行使优先购买权的，协商确定各自的购买比例；协商不成的，按照转让时各自的出资比例行使优先购买权。公司章程对股权转让另有规定的，从其规定。

（7）章程可以约定"书面形式行使股东会决议"。

> 《公司法》第三十七条　股东会行使下列职权：（一）决定公司的经营方针和投资计划；……（十一）公司章程规定的其他职权。对前款所列事项股东以书面形式一致表示同意的，可以不召开股东会会议，直接作出决定并由全体股东在决定文件上签名、盖章。

（8）章程可以约定"召开股东会定期会议的期限"。

> 《公司法》第三十九条　股东会会议分为定期会议和临时会议。定期会议应当依照公司章程的规定按时召开。……

（9）章程可以约定"排队股东资格的继承"。

> 《公司法》第七十五条　自然人股东死亡后，其合法继承人可以继承股东资格；但是，公司章程另有规定的除外。

（10）章程可以约定"召开股东会会议的通知期限"。

> 《公司法》第四十一条　召开股东会会议，应当于会议召开十五日前通知全体股东；但是，公司章程另有规定或者全体股东另有约定的除外。

（11）章程可以约定"股东会的决议方式和表决权利"。

> 《公司法》第四十三条　股东会的议事方式和表决程序，除本法有规定的以外，由公司章程规定。

（12）章程可以约定"董事长和副董事长的产生办法"。

> 《公司法》第四十四条　……董事会设董事长一人，可以设副董事长。董事长、副董事长的产生办法由公司章程规定。

（13）章程可以约定"董事会的决议方式和表决程序"。

> 《公司法》第四十八条　董事会的议事方式和表决程序，除本法有规定的以外，由公司章程规定。

（14）章程可以约定"执行董事的职权"。

> 《公司法》第五十条　股东人数较少或者规模较小的，可以设一名执行董事，不设立董事会。执行董事可以兼任公司经理。执行董事的职权由公司章程规定。

公司章程的约束还体现在其对于公司、股东、董事、监事及各级管理人员的约束。章程对公司内部的组织和活动，对公司权利能力和行为能力的影响，决定了其对于公司的约束力。同时，公司章程具有契约的性质，体现了股东的共同意志，因此，对股东也具有约束力。公司董事、监事及各级管理人员在公司经营中负责决策、监督及执行，在公司日常运转中起着重要的作用，故此这些人员必须遵守并执行公司章程。

1.4 | 分钱与分权

中小微民营企业发展到现在，分钱并不是最大的挑战，很多老板是舍得给钱的。但是分权要更难一些，原因在于很多老板缺乏自信，他怕下面的人超越他，也怕一分权就乱，控制不了局面。

很多中小微企业老板只需做对三件事，尤其第三件事：一是找对人；二是定方向；三是制定分钱、分权、分责机制，如图 1-2 所示。

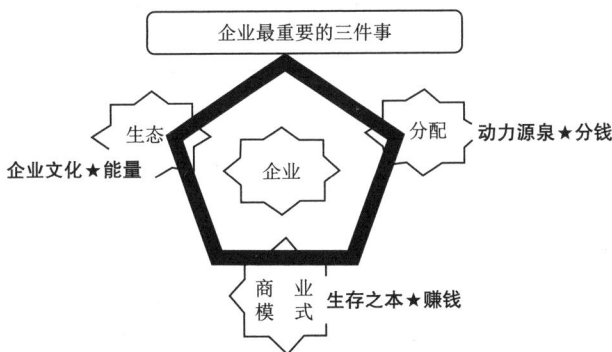

图 1-2　企业家应打造的三大内驱力

权利是人的内在追求，是一个人价值的终极体现。美的集团股份有限公司创始人何享健就是舍得"分饼"的人。分饼就是分钱、分权。他舍得分钱，是因为他的信念是"不贪"；敢于放权，是因为他有自信，而且企业建立了管控体系，能保证这个权利分下去不会乱。

分享一个身边的真实案例。一个朋友开了一家装修公司，朋友自己既能做设计也有资源，将公司用3年左右的时间从营收一年200万元做到1000多万元，队伍也由原来的6个人，扩展到20多个人。

但这种迅速的成长并没有让她感到快乐，反而增添了许多困扰和焦虑。原因就来自我这位朋友给出的"信任机制"——她的合作伙伴。在公司业务不断扩展的过程中，感觉自己也无分身之力，就邀请了原来与她在一个公司，技术水平还比较过硬的同事做她的合伙人，负责内部业务的管理和对接。自己则花费更多精力去提升业务圈，并一口气给同事40%的股份，是干股，不用出资，而且不是隐性股东，是注册登记的实名股东。

最近这一年，她发现她的这个合伙人在公司日常业务中缺乏沟通，且存在个人接私活的情况。她在了解原因的过程中，这个合伙人还满肚子委屈，可这种内耗却在渐渐影响公司的发展。作为大股东一方希望合伙人积极主动应对业务，而小股东又以事情冗杂，已经很尽心尽力地在做事了，由于后期的完工、回复、跟踪机制跟不上业务发展，队伍冲劲不足，导致公司业务停摆。大股东又苦于付出高额的退出代价还很难决策。

但通过我与这位朋友的沟通了解到，他们的合作是有一个时间约束——5年的合伙期，5年结束后，双方可以重新选择，重新谈合作条件。这里面也给朋友一个建议：一定是目标与机制匹配；结果与成长匹配，股份不等于股权，要根据效果谈分红权。

本章小结

在信息化时代，企业比的是时效和寿命，我国目前有14 700万个中小微市场主体，他们既承载和解决了社会的大部分就业，又在发展创新中夯实自我，要想在不断变革的大环境中保持健康，一定是以人为核心，以内驱力带动发展力，抵抗和应对外部环境能力。

我国改革开放后，涌现出了很多企业，但真正能称得上企业家的，或者是领袖型企业家的很少，有很大一部分原因是企业达到一定规模时，部分创业者趋于保守。

因此，企业家个人的"高度"和"宽度"，决定了企业的成长后劲和生命长度。

第 2 章

内部架构搭建

"万丈高楼平地起"，是基于地基。对于创业者、企业经营者或者公司的股东来说，地基就是"股权架构"。这对很多民营创业者来说，股权架构太深奥了！而且经营的项目刚起步，没有正的现金流，商业模式也不成熟，业务的前景还很模糊，都没有心思考虑股权架构。确实，公司刚成立，业务是首要生存条件，但是看了这么多人的创业史后，有没有发现，业务也是靠人创造出来，"人"就是企业真正的创造力、驱动力。打工人是不可能像创始人有同样驱动力的。

2.1 初创期

在我们平时服务的企业中，如果注册的是"有限公司"，股东人数一般都要求在两人以上，所以很多创业者在刚开始注册成立公司时，在市场监督管理局登记的股东，大多就是用夫妻双方的身份证直接去开办公司，如图 2-1 所示。

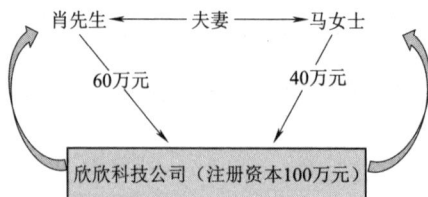

图 2-1　自然人直接架构

这个组织架构图是不是非常的熟悉？这就是最普遍的股权架构——"自然人直接架构"，那我们来分析这个架构的应用场景及优点和缺点。

2.1.1 自然人直接架构利弊

首先来说说应用场景。初创期，公司只有投入或者还处在试制研发阶段，对外的商务合作没有太多的需求，这样情景下是可以选择搭建这种股权架构的。那为什么适用这样的应用场景呢，这种架构的优缺点是什么？

优点：架构简单明了，股东之前意见比较统一，签署一些对内、对外文书不会因为意见不统一而影响工作的效率。对企业的创业方向也能协同完成。

如果公司未来上市的话，自然人持股在税收上也是有明显差别的，即个人直接持股，在抛售股票时，根据《关于个人转让上市公司限售股所得征收个人所得税有关问题的通知》规定，应纳税额＝应纳税所得额×20%。

若通过公司或者合伙企业持股，有延缓纳税的空间。对于合伙企业本身而言，因其不需要缴纳个人所得税，而该合伙企业在实际分配时，才需要由合伙企业的投资主体分别缴税。

缺点：如果是夫妻成为公司股东，则会对公司的债务承担无限连带责任。股东想免责，需要"自证清白"；不能证明的，就要对公司的债务承担无限连带责任。

在自然人直接持股架构中，如果没有特别安排和设计，各股东的权利均同股同权，一旦产生股东争议，则公司治理机制陷入僵局，严重者无法调和，导致公司崩盘解散。

> 参见 2020 年 4 月公示的 "（2019）最高法民再 372 号"判决书中，最高人民法院认为该案中当事人夫妻股东公司实质上为一人公司。

2.1.2 夫妻股权架构风险应对

人其实一出生就会面对风险，所以风险并不是那么可怕或者无力应对。虽然自然人直接架构存在风险，我们也是有应对措施的，从以下三个方面做好安排，还是能够很好地降低风险。

其一，设立公司时，夫妻间签订一份"夫妻财产分割协议"，对夫妻共同财产进行分割，或者退一步，约定公司中各自占有的股权归各自所有，并将该协议放置市场监督管理局行政部门备案。

其二，在财务管理上要做好规划，公司设立，制度先立，有规矩乃成方圆，具体又可以从以下几个方面去落实完善。

（1）制定规范的财务会计制度，聘任独立的财务工作人员。

（2）建立规范的会计账簿，保留完整的会计凭证，财务支付记录明确清晰。

（3）股东个人账户与公司账户收支分离、不混同，不通过个人账户收取公司往来款项，股东个人不侵占公司的资金、财产。

（4）公司与股东之间的关联交易履行公司内部审议程序，程序正当，价格公允。

（5）按照《公司法》规定的要求，在每一个会计年度终了时编制财务会计报告，并经会计师事务所审计。

其三，在公司章程中增加一名名义股东，将夫妻二人公司变为三人公司。

2.2 | 成长期

在成长期，业务比较稳定，技术成熟的时候，可能会面临市场占有率、出口或者技术再往上升级等各种瓶颈，这时就有可能需要引入新的股东。引入的股东会根据企业的需求，分为"战略股东"和"财务股东"。那两者有何区别呢？

战略股东不仅投入资金取得相应股份，还能提供资源，甚至提供人力技术助力的股东，包括提供行业现状及发展动态信息，协助定位公司发展方向，介绍商业伙伴，品牌包装，以及管理等，他们更看重企业的长期发展和利益。

财务股东主要是提供资金和融资渠道，他们看重的是短期的利益，寻求短期的回报，所以通常还会要求企业提供一定的资产作为担保物或者对赌。

2.2.1　成长期股权架构

成长期的企业有股权架构模版吗？答：还真没有。为什么会没有呢？因为发展到这个阶段的企业，大部分商业模式基本稳定和成熟，每个企业的行业、技术水平、企业文化、创始人对风险喜好及对新的投资人（股东）的要求等都不尽相同，不一样的投资人（股东）未来能擦出的火花也存在很多不确定性，所以股权架构是不可能有标准化模板的。

那有没有一些值得借鉴的股权架构作为参考呢？这个是可以有的。

成长期重新搭股权架构之前，首先要梳理自己名下持有的业务板块或者公司，每家公司（或者业务板块）在你的战略当中的定位，以及负责的对象。我们一定要有对未来的设想或者你的最终目的是什么？事业做大，公司做强后，是想利用赚的钱再继续不停地投资、传承呢？还是公司养大后准备当"猪"卖呢？目的不同，架构设计是千差万别的，我们就拿"茶颜悦色"这个项目来看他们是如何让腾讯科技（深圳）有限公司（以下简称腾讯）和阿里巴巴集团控股公司（以下简称阿里）参与其中的。

2.2.2　成长期架构搭建案例

（1）未调整前（初创期）股权架构，如图 2-2 所示。

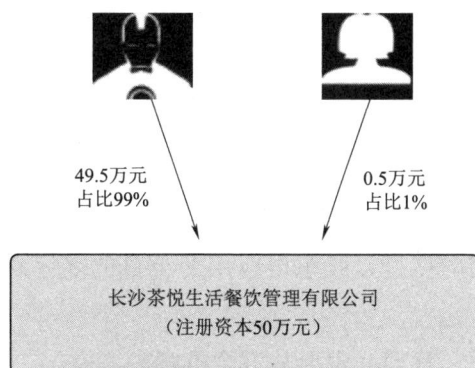

49.5万元
占比99%

0.5万元
占比1%

长沙茶悦生活餐饮管理有限公司
（注册资本50万元）

图 2-2　初创期股权架构

（2）发展期第一次股权架构调整，如图 2-3 所示。

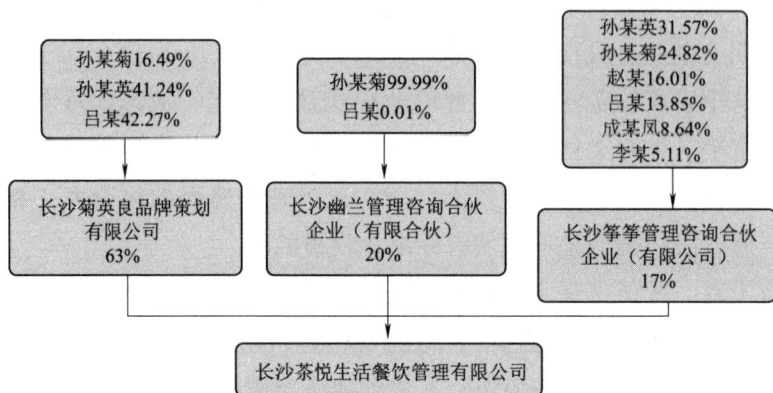

图 2-3　股权架构调整

注：2018 年 1 月 18 日，茶颜悦色获得了天图资本的天使轮融资；随后，在 2019 年 2 月 19 日，更名为湖南茶悦餐饮管理有限公司；在 2019 年 7 月 5 日迎来 A 轮融资，获得了源码资本、元生资本、顺为资本的支持；2021 年 1 月 7 日，正式更名为湖南茶悦文化产业发展集团有限公司；2021 年 10 月 14 日，获得了五源资本的融资。茶颜悦色自成立以来，共获得了 3 轮融资，背靠资本为茶颜悦色进一步发展壮大奠定了基础。

2.2.3　案例分析

成长期投入资本后股权架构，如图 2-4 所示。通过图 2-4 股权架构的变化，"茶颜悦色"股东实际是两个层面，一个是经营股东，一个是财务股东。长沙菊英良品牌策划有限公司持股 38.58%，作为吕某等创始股东的"钱袋子"，用来沉淀"茶颜悦色"项目所带来的利润。由于居民企业之间分红免税，未来如果有不错的项目，股东可以用菊英良的名字对外投资，做多个项目矩阵布局。

在做股权设计时，我们一定要从五个维度去考虑。

（1）财富安全：自然人直接持股存在公私混同，可能承担无限连带责任的，因此成立一个"防火墙公司"代替自然人对外投资，这样有利于所有权和经营权的划分，隔离股权投资或者业务经营所带来的债务风险。正如"茶颜悦色"的创始人吕某一样，进入发展期之后，就把自己的个人持股变成了公司持股。

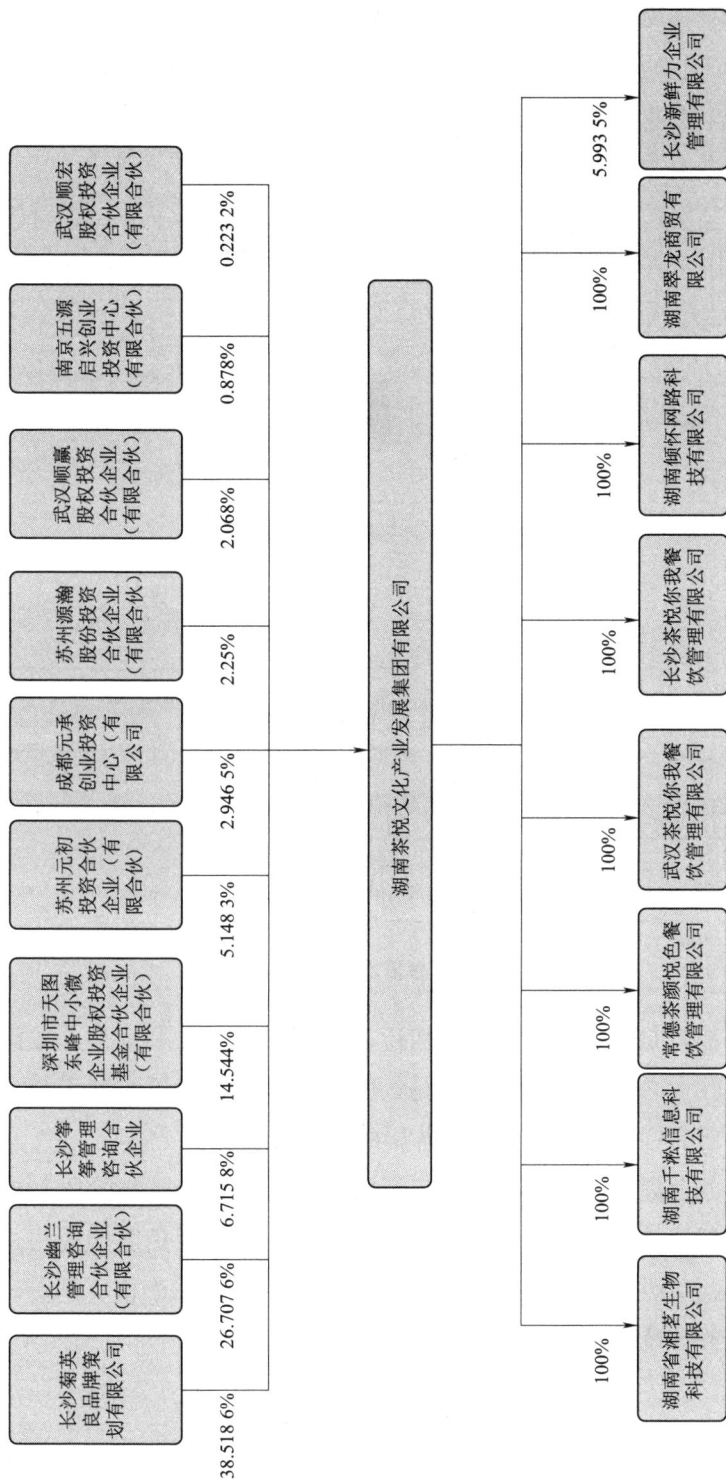

图 2-4　企业成长期股权架构

（2）产业布局："茶颜悦色"目前深耕于茶饮行业，但不排除未来创始人想扩展茶饮产业的布局。比如茶饮与传统文化结合的文化创意服务，每一个板块都是一个产业，既可以与现有业务相辅相成，又可以独立融资及资本运作，形成一个生态圈。

（3）多层次融资结构：设置多层子公司，每家控股子公司都可以独立融资，承担有限责任，既有利风险控制，又利于扩大融资规模而不丢失控制权，如图 2-5 所示。

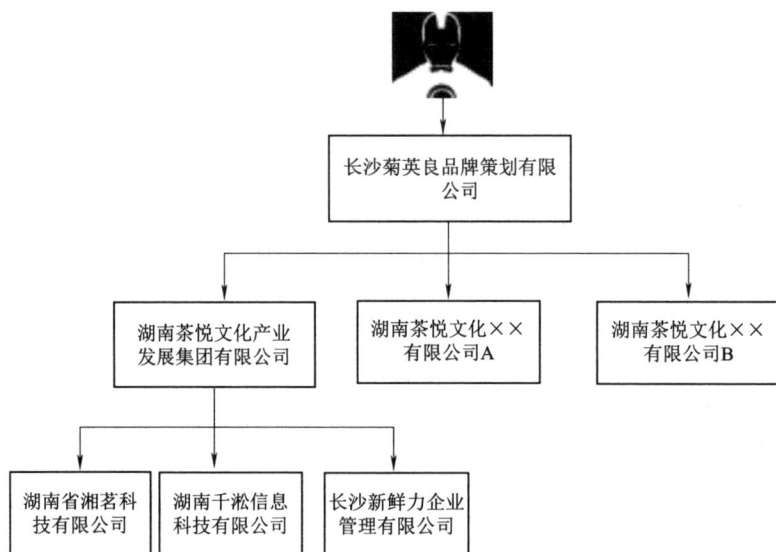

图 2-5　多层次股权架构

（4）内部定向激励：多层次结构还有另一层考虑，那就是人才储备和吸纳。要发展壮大必然少不了招兵买马，吸引人才，子公司有利于公司的精细化管理，方便后期定向激励，搭建各层的员工持股平台。

（5）税务合规：根据公司的业务开展、战略布局和扩张阶段来成立不同子公司，梳理清楚不同子公司在整体架构当中的定位及负责的板块，实现化整为零。不同层级的子公司可以根据业务需要申请知识产权，享受小微、高新、行业相关等税收政策以及贷款扶持。

本章小结

　　内部组织架构的搭建主要是为了解决分权与分钱的问题，这是一条生命驱动力。搭建内部组织架构可以根据企业的发展周期，从开业设立三五人的团队到后期三五百人，甚至三五万人的团队时，因势利导地优化，架构并不是一成不变，而是一个非常复杂的工程，要完成这个动作，既要考虑税收成本，还要考虑法律风险，特殊体制还要考虑合规性，所以因地制宜是显得尤为重要。

第 3 章

不可忽略的公司章程

公司章程是股东间合作的最高行为准则，在公司内部具有最高地位。但实践中很少有企业家对公司章程给予足够的重视。一方面，大部分企业觉得上市与自己相距甚远，因此公司股权结构也处于极度的保守状态（公司股东仅限于创始人或其家族），未能引入风投、高管员工、战略投资人等其他股东。另一方面，一部分企业家好面子，认为对公司章程太认真是彼此不信任的表现。重面子、轻契约的想法，也导致了大部分公司章程仅是市场主体设立登记时的一纸资料而已。但近几年，随着资本市场的开放和企业间股权合作的频繁，越来越多的企业家开始意识到重视公司章程的必要性。

3.1 设立时制定公司章程

公司的设立程序以订立公司章程开始，以设立登记结束，即以取得《营业执照》结束。我国《公司法》明确规定，订立公司章程是设立公司的条件之一。审批机关和登记机关要对公司章程进行审查，以决定是否给予批准或者给予登记。公司没有公司章程，不能获得批准，也不能获得登记。

> 《公司法》第十一条 设立公司必须依法制定公司章程。公司章程对公司、股东、董事、监事、高级管理人员具有约束力。

《公司法》第十二条 公司的经营范围由公司章程规定，并依法登记。公司可以修改公司章程，改变经营范围，但是应当办理变更登记。

《公司法》第十三条 公司法定代表人依照公司章程的规定，由董事长、执行董事或者经理担任，并依法登记。公司法定代表人变更，应当办理变更登记。

3.2 | 股权转让时变更市场登记

大部分人都认为，股权只有做了市场变更登记才有效，非也。这里要区分两个概念：股权变更≠股权变更登记，前者是通过《股权转让协议》完成交割，是在公司内部产生的一种民事法律关系，股权转让合同签订后，是否办理变更登记，属于合同履行问题，遵循的是《中华人民共和国民法典》。

股权的市场变更登记仅为行政管理行为，该变更登记并非股权性登记，而是根据《公司法》的相关规定进行一种告示性登记，旨在使公司有关登记事项具有公示效力。因此，是否进行工商变更登记既不应对股权转让合同的效力问题产生影响，也不应导致股权转让行为是否生效或有效问题。

《公司法》第七十一条 有限责任公司的股东之间可以相互转让其全部或者部分股权。……经股东同意转让的股权，在同等条件下，其他股东有优先购买权。两个以上股东主张行使优先购买权的，协商确定各自的购买比例；协商不成的，按照转让时各自的出资比例行使优先购买权。……公司章程对股权转让另有规定的，从其规定。

《公司法》第七十二条 人民法院依照法律规定的强制执行程序转让股东的股权时，应当通知公司及全体股东，其他股东在同等条件下有优先购买权。其他股东自人民法院通知之日起满二十日不行使优先购买权的，视为放弃优先购买权。

《公司法》第七十三条 依照本法第七十一条、第七十二条转让股权后，公司应当注销原股东的出资证明书，向新股东签发出资证明书，并相应修改公司章程和股东名册中有关股东及其出资额的记载。对公司章程的该项修改不需再由股东会表决。

《公司法》第七十四条 ……（三）公司章程规定的营业期限届满或者章程规定的其他解散事由出现，股东会会议通过决议修改章程使公司存续的。

《公司法》第七十五条 自然人股东死亡后，其合法继承人可以继承股东资格；但是，公司章程另有规定的除外。

参阅"（2006）民二终字第78号"案件，以下为法院观点：

关于基本建设经营性基金"债转股"未办理工商登记的法律效力问题，本院认为，基建基金实施"债转股"行为已完成了要约与承诺过程，虽未办理工商登记，但只是不对第三人产生法律效力，债转股协议在当事人之间仍具有拘束力。工商登记只是股权变更的公示方式，只影响股权变更的外部效力，对双方的内部关系来说则不产生影响。上诉人主张因未完成工商登记变更手续，非法律上的出资人而应为债权人的理由不能成立，应予以驳回。

（来源于中国裁判文书网）

根据教训，我们提出如下建议和提醒。

（1）股权转让合同是否有效不以是否进行市场主体变更登记为生效条件。转受让双方务必扭转只有市场主体变更登记才能使股权转让合同生效的惯性思维，认识到在双方没有约定附条件附期限时，合同一般情况下在双方签章合同成立时生效，但也有例外情形，比如国有股权则需要经主管部门批准后生效。

（2）市场主体变更登记也并非股权变动的生效要件。转受让双方应当认识到市场主体变更登记仅是一种告示性登记，并不产生股权登记效果。受让方在股权转让合同生效后且被公司登记到股东名册时即取得股权，如果未能进行市场主体变更登记，股东有权请求公司办理市场主体变更，并有权要求转让方提供协助义务。

（3）未进行市场主体变更登记不得对抗善意第三人。虽然市场主体变更登记仅是一种告示性登记，但其也是一种对抗性登记，对于未办理股权变更登记的，第三人有权信赖登记事项的真实性，善意第三人可以基于工商登记对原股东的记载要求其承担责任。

3.3 | 变更时的程序

公司章程是公司经营的规范与制度。企业日常经营活动不可能是一成不变的。如果成立之初的一些设定不满足现在经营的要求，就可能会涉及变更，比如经营范围、公司名称、地址、注册资本、股东或者法人等登记的信息修改，都要制订《公司章程修正案》和股东会决议，否则市场监督管理部不予以登记变更，也就无法律效力。

> 《公司法》第四十二条　股东会会议由股东按照出资比例行使表决权；但是，公司章程另有规定的除外。
>
> 《公司法》第四十三条　股东会的议事方式和表决程序，除本法有规定以外，由公司章程规定。股东会会议作出修改公司章程、增加或者减少注册资本的决议，以及公司合并、分立、解散或者变更公司形式的决议，必须经代表三分之二以上表决权的股东通过。
>
> 《公司法》第四十四条　有限责任公司设董事会，其成员为三人至十三人；但是，本法第五十条另有规定的除外。

3.4 | 合并、分立、注销

企业也是有生命周期的，这个生命周期是指企业从创办开始，到其消亡所经历的自然时间，包括初创期、成长期、成熟期和衰退期四个阶段。企业由于受经济周期、产业生命周期、资源周期、治理周期及人的生命周期等因素的综合影响，企业的盈利状况表现出周期性特征，导致企业的发展过程表现出周期性特征。从量变到质变，质变又到量变的过程，就可能会出现合并、分立、注销。

3.4.1　合并

（1）公司合并，是指两个或两个以上的公司订立合并协议，依照《公法》的规定，归并为一个公司或创设一个新的公司的法律行为。公司合并的形式有：①新设合并，即 A＋B＝C，原来的主体消失；②吸收合并，即 A＋B＝A。

（2）企业合并的主要动机是增加合并后企业的价值，公司合并最根本的目的在于谋求利益，最主要的原因是加速企业成长，降低生产经营成本，减少风险。公司合并的原始动因是激发公司合并行为的公司内部的、本质的因素，即激发公司合并行为发生的内在根本原因。

两个或两个以上的企业，依据法律规定、合同约定，合并改建为一个企业，对其合并后的企业承受原合并各方的土地、房屋权属，免征契税。

（3）合并程序如下。

①合并各方订立合并协议。

②董事会拟订公司合并方案，股东会做出合并决议（特别决议）。

③编制资产负债表及财产清单。

④履行债权人保护程序，即通知或公告债权人。

公司应自作出合并决议之日起 10 日内通知债权人，并于 30 日内报纸上至少公告 3 次。债权人自接到通知书之日起 30 日内，未接到通知书的自第一次公告之日起 45 日内，有权要求公司清偿债务或者提供相应的担保，不清偿债务或不提供相应担保，公司不得合并。

⑤实施合并行为。

⑥办理合并登记。

（4）公司合并的法律效果。

①除吸收合并中吸收公司存续外，其他参与合并的公司和法人资格均归于消失。

②因合并而消失的公司的权利、义务，均为存续公司或新设公司概括承受。

③消失公司的股份全部转换为存续公司或新设公司的股份、债券或现金。

《公司法》第一百七十二条　公司合并可以采取吸收合并或者新设合并。一个公司吸收其他公司为吸收合并，被吸收的公司解散。两个以上公司合并设立一个新的公司为新设合并，合并各方解散。

《公司法》第一百七十三条　公司合并，应当由合并各方签订合并协议，并编制资产负债表及财产清单。公司应当自做出合并决议之日起十日内通知债权人，并于三十日内在报纸上公告。债权人自接到通知书之日起三十日内，未接到通知书的自公告之日起四十五日内，可以要求公司清偿债务或者提供相应的担保。

《公司法》第一百七十四条　公司合并时，合并各方的债权、债务，应当由合并后存续的公司或者新设的公司承继。

3.4.2　分立

（1）公司分立，俗称"公司拆分"或者"公司分家"，指一家公司在不履行清算程序的情况下分设为两家以上公司的法律行为。公司分立原因主要包括以下几个方面：①提高管理效率；②突出主营业务；③解决内部纠纷；④税务合规；⑤管理激励；⑥反击敌意收购。

（2）公司的分立：一是派生分立，即公司以其部分资产另设一个或数个新的公司，原公司存续；二是新设分立，即原公司全部资产，分别划归两个或两个以上的新公司，原公司解散。

企业依照法律规定、合同约定分设为两个或两个以上投资主体相同的企业，对派生方、新设方承受原企业土地、房屋权属，不征收契税。

（3）分立的程序：①订立合并协议；②董事会拟订公司分立方案，股东会做出合并决议；③编制资产负债表及财产清单；④履行债权人保护程序，即通知或公告债权人；⑤实施分立行为；⑥办理分立登记。

公司应自作出分立决议之日起 10 日内通知债权人，并于 30 日内在报纸上至少公告 3 次。债权人自接到通知书之日起 30 日内，未接到通知书的自第一次公告之日起 45 日内，有权要求公司清偿债务或者提供相应的担保，不清偿债务或不提供相应担保，公司不得分立。

（4）分立的法律后果：①公司的变更、设立或解散，依据分立的方式确定；②股东和股权的变动；③债权、债务的承受。

分立公司对原公司债务承担连带责任。分立协议对债务分担的约定，对分立公司有效，对债权人不产生效力。当然，债权人认可协议的，效力及于债权人。

> 《公司法》第四十三条　股东会的议事方式和表决程序，除本法有规定以外，由公司章程规定。
>
> 　　股东会会议作出修改公司章程、增加或者减少注册资本的决议，以及公司合并、分立、解散或者变更公司形式的决议，必须经代表三分之二以上表决权的股东通过。
>
> 　　《公司法》第一百零三条　股东出席股东大会会议，所持每一股份有一表决权。但是，公司持有的本公司股份没有表决权。
>
> 　　股东大会作出决议，必须经出席会议的股东所持表决权过半数通过。但是，股东大会作出修改公司章程、增加或者减少注册资本的决议，以及公司合并、分立、解散或者变更公司形式的决议，必须经出席会议的股东所持表决权的三分之二以上通过。

公司分立时应当编制资产负债表及财产清单，公司应当自做出分立决议之日起 10 日内通知债权人。并于 30 日内在报纸上公告。除公司在分立前与债权人就债务清偿达成的书面协议，另有约定外，公司分立前的债务，由分立后的公司承担连带责任。

3.4.3　注销

注销是指市场监督管理部门根据企业的申请，作出准予企业解散的登记决定的行政行为。注销是依申请而做出的一种行政许可行为。符合法定注销条件的企业，向登记机关申请，并经过清算程序后，登记机关做出准予注销登记，然后主体资格消灭。注销是企业合法退出市场的唯一方式。

注销（解散）的原因，如图 3-1 所示。因解散原因的不同，解散可以分为两类。

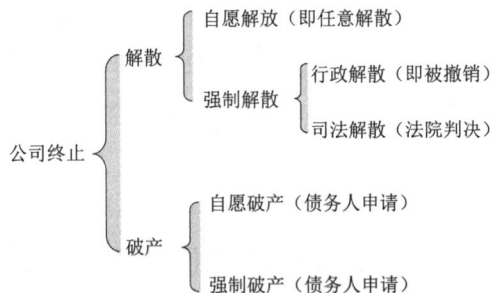

图 3-1　公司注销的情形

（1）任意解散。

任意解散的事由一般包括以下几种情况：

● 公司营业期限届满。

● 公司章程规定的解散事由出现。

● 股东会决议。

● 公司合并或分立。

（2）强制解散。

● 行政解散：被撤销。

● 司法解散：指公司的目的和行为违反法律、公共秩序和善良风俗的，可通过法院判决其解散；或者当公司经营出现显著困难、重大损害或董事、股东之间出现僵局导致公司无法继续经营时，依据股东的申请，裁判解散公司。

● 公司宣告解散后，公司便丧失经营能力，停止营业活动。公司的权利能力仅局限于清算范围内。

《公司法》第一百八十条　公司因下列原因解散：

（一）公司章程规定的营业期限届满或者公司章程规定的其他解散事由出现；

（二）股东会或者股东大会决议解散；

（三）因公司合并或者分立需要解散；

（四）依法被吊销营业执照、责令关闭或者被撤销；

（五）人民法院依照本法第一百八十二条的规定予以解散。

《公司法》第一百八十二条　公司经营管理发生严重困难，继续存续会使股东利益受到重大损失，通过其他途径不能解决的，持有公司全部股东表决权百分之十以上的股东，可以请求人民法院解散公司。

本章小结

公司章程是企业运营的规范，对内有效力，对外同样产生法律效力，涵盖公司从设立到注销的整个生命周期。这就要求公司的股东和发起人在制定公司章程时，必须考虑得周全，规定得明确详细，理解不能产生分歧。公司登记机关必须严格把关，使公司章程规范化。从国家管理的角度，对公司的设立进行监督和保证，使公司设立以后能够正常运行。

第 4 章

主体选择的法律风险

有很多创业者朋友在办理营业执照的过程中，总是会跟执照注册经办人具体沟通组织形式的选择，听经办人讲了有限公司、合伙企业、个人独资企业、个体工商户的相关介绍后，这么大的信息量一下把自己搞蒙圈了。一时间搞不清楚到底是要注册有限公司还是注册合伙企业？或者是个人独资企业，抑或是个体工商户呢？下面具体讲述。

4.1 公司制企业主体选择的法律风险

公司制企业包括有限责任公司、一人有限责任公司。

4.1.1 有限责任公司

有限责任公司它还有另外一个名称：有限公司，顾名思义就是承担有限责任的公司。公司成立后具备法人资格，即股东用其对应认缴出资的金额为限，对本公司承担有限责任，股东出资额以外的财产不受影响，股东可以是自然人也可以是法人。

有限责任公司的财产所有权和经营权是分离的，这样有利于企业的扩张，能保持连续性，保证公司经营的长远稳定发展，有限责任公司既可以作为一个主体设立分公司，也可以投资其他经营项目或公司做法人股东，还可以后期进行融资扩股等，常见的股东架构形式如图 4-1 和图 4-2 所示。

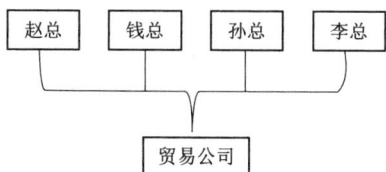

图 4-1　自然人持股股东架构图

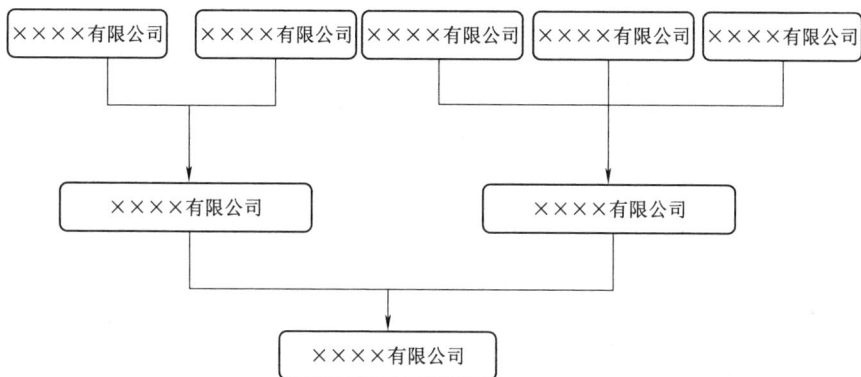

图 4-2　公司持股股东架构图

在法律上，有限责任公司适用《公司法》。在税法上，企业发生增值税应税行为都是要交增值税的，主要区别在所得税（也可以理解为利润税），有限责任公司盈利后首先得缴纳企业所得税，股东是自然人的要分红缴纳个人所得税。

4.1.2　一人有限责任公司

一人有限责任公司，顾名思义是只有一个人做股东的有限公司，很多时候会有朋友分不清一人有限责任公司和个人独资。为了能够更加清楚区分，个人独资与有限责任公司还有一个最大的不同点，就在于企业名称的区别，个人独资企业的名称是不能用"有限公司"或者"有限责任公司"的结尾命名的。

在一人有限责任公司的情况下，如果股东能证明自己的财产独立于公司财产，是可以对公司债务承担有限责任的；反之，则要承担无限连带责任。一人有限公司在设立时还应注意以下细节。

（1）一人有限责任公司的注册资本最低限额为人民币 10 万元。

（2）股东应当一次足额缴纳公司章程规定的出资额，不允许分期缴纳。

（3）一个自然人只能投资设立一个一人有限责任公司。该一人有限责任公司不能投资设立新的一人有限责任公司（《公司法》第五十八条）。

（4）一人有限责任公司应当在公司登记中注明自然人独资或者法人独资，并在公司营业执照中载明（《公司法》第五十九条）。

（5）一人有限责任公司应当在每一会计年度终了时编制财务会计报告，并经会计师事务所审计（《公司法》第六十二条）。

（6）一人有限责任公司的股东应完善财务制度，每年要进行一次审计，并应能证明公司财产独立于股东自己财产的，否则要对公司债务承担连带责任。（《公司法》第六十三条）。

在法律上，一人有限责任公司也是适用《公司法》。在税法上也基本跟有限责任公司一致。

4.2 非公司制企业主体选择的法律风险

非公司制企业包括合伙企业、个人独资企业、个体工商户。

4.2.1 合伙企业

合伙企业是由各合伙人订立合伙协议，共同出资、经营，共享收益和共同承担风险，并且对企业的债务承担连带责任。一般合伙企业分为普通合伙企业和有限合伙企业。普通合伙人对企业的债务承担无限连带责任，有限合伙人按其出资金额为限对合伙企业的债务承担责任。合伙企业不具备法人资格，目前政策及相关法规都是不能设立分支机构的。

合伙企业可分为普通合伙企业、特殊普通合伙企业和有限合伙企业，普通合伙企业较为常见，多数合伙企业都是普通合伙企业；特殊普通合伙主要用于专业机构，如会计师事务所等。常见的有限合伙企业如私募股权投资。而个人独资企业因为不涉及多人利益，因此规定较为简单，也不存在多种类型，适用于业务模式简单、投入较低的项目。

在法律上，合伙企业适用《中华人民共和国合伙企业法》。在税法上，发生增值税应税行为都是要交增值税的。合伙企业也要交个人所得税。

4.2.2 个人独资企业

1. 定义

独资企业是指一人投资经营的企业。独资企业投资者对企业债务负无限责任。企业负责人是投资者本人。企业负责人姓名须与身份证相符，不得使用别名。优点是创立便捷，注册条件宽松，注册资本少，适用性较好，经营的固定成本较低。例如，政府对其监管较少，对其规模也没什么限制，企业内部协调比较容易。缺点是决策能力弱，可持续性不强，融资困难。

2. 案例

很多人在创业时都想注册个人独资企业，为了可以让企业合理纳税。但是 2021～2022 年以来，部分通过在税收优惠地区注册个人独资企业，利用个人所得税核定征收偷逃税案频频爆雷，特别是主播和演员。下面通过案例与大家分析其中的风险。

深圳甲公司在新疆霍尔果斯设立了子公司霍尔果斯乙公司，深圳甲公司的母公司在香港，它们是祖→母→子的关系，如图 4-3 所示。

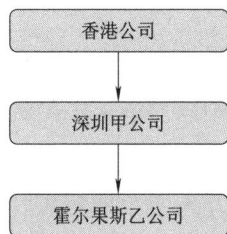

图 4-3　祖→母→子组织架构图

（1）企业的运营模式和经营情况：深圳甲公司与霍尔果斯乙公司从事相同的广告业务，且"均由香港某集团相关部门运营"，霍尔果斯地区有优惠政策，这是关键点，相同的利润，霍尔果斯比深圳少交很多所得税。

（2）其他事实：①深圳甲公司与霍尔果斯乙公司均账务混乱；②霍尔果斯乙公司只是空壳，没有经营和业务人员；③有某客户证明，深圳甲公司将利润转移到霍尔果斯乙公司。

（3）纳税情况：深圳甲公司实际收入近 0.4 亿元，纳税 5 万元；霍尔果斯乙公司收入 8 亿元，纳税 0 元。

（4）下面来看看《税务处理决定书》的处罚。

①对两家公司共同客户深圳市甲公司的协查证实，你公司将收入及利润转移至霍尔果斯乙公司，实现享受税收优惠的目的。

综上，你公司利用霍尔果斯乙公司转移收入及利润，少计企业所得税。根据《中华人民共和国税收征收管理法》第三十五条第一款第（六）项规定，核定你公司应纳税额，将霍尔果斯乙公司 2015 年至 2017 年收入合计 661 540 755.15 元调整至你公司，调整后你公司 2015 年至 2017 年收入合计 700 251 641.44 元。

②你公司及霍尔果斯乙公司账目混乱，难以查账。根据《中华人民共和国税收征收管理法》第三十五条第一款第（四）项……对你公司按照 30％的应税所得率核定企业所得税。

3. 案例分析

那为什么这些企业家要铤而走险，而且又特别钟情于"税收洼地"？"税收洼地"的真实存在性，就真的不能使用这个税收优惠政策吗？我们来看看事件的底层逻辑：

霍尔果斯是新疆西北端与哈萨克斯坦边境隔河相望的一座小城，常住人口仅 8.7 万人。2010 年被批准设立经济特区，之后相继出台了"五免"和"五减半"的税收优惠政策。数据显示，截至 2017 年底各类市场主体总量为 22 615 户，注册资本（金）3 021 亿元，分别同比增长 177.7％、202.5％；其中仅北京就有千余家企业在霍尔果斯设立 1 600 多家子公司，投资额达 217.7 亿元，90％为影视、广告等轻资产企业。

（资料来源于第一财经网）

数万人的小城短短几年就吸引了数千亿元资金，然而现实与理想之间却有不小差距。因为在看似华丽的数字背后，只有极少属于实体型企业，大多数都是"注册型"企业。所谓"注册型"企业，就是有营业执照，根本没有固定资产或仅有少量固定资产，或只有少量员工甚至基本没有员工入驻办公，也没有实质性经营业务，基本由当地代理公司打理。

可以说，这些公司享受着霍尔果斯税收等优惠便利，但对当地的就业、消费等方面并没有促进作用，反而让国家流失了税源。其实在国内，并非只有霍尔果斯，包括无锡、东阳都在税政上有着不同程度的优惠。

政府的初衷是让企业通过实质性的经营活动带动经济，创造财政收入。而出于利益的诱惑，只是注册一个空壳公司，没有实际业务在这些税收政策洼地开展经营活动，失去了政策的初衷，违背了税法的公平性原则，自然会被认定为违法，这是最主要的原因。

再看看我们个人所得税税率对不同税目（业务类型）的区别，如果是工资薪金、劳务报酬、稿酬和特许权使用费所得这四种所得，被统称为"综合所得"，适用 3％～45％的累计税率；而如果属于个人经营所得适用 5％～

35%的累进税率，与最高一档的税率是相差了10%，也就是1 000万元的收入相差了100万元的税额，见表4-1。

表4-1　综合所得与经营所得个税对比表

（一）工资、薪金所得适用			
级	全年应纳税所得额	税率（%）	说明
1	不超过36 000元的	3	本表所称全年应纳税所得额是指依照《中华人民共和国个人所得税法》第六条的规定，居民个人取得综合所得以每一纳税年度收入额减除费用6万元以及专项扣除，专项附加扣除和依法确定的其他扣除的余额
2	超过36 000元至144 000元部分	10	
3	超过144 000元至3 000 000元的部分	20	
4	超过300 000元至420 000元的部分	25	
5	超过420 000元至660 000元的部分	30	
6	超过660 000元至960 000元的部分	35	
7	超过960 000元的部分	45	
（二）个体工商户的生产、经营所得和对企业事业单位的承包经营、承租经营所得适用			
级数	含税级距	税率（%）	说明
1	不超过30 000元的	5	
2	超过30 000元至90 000元部分	10	
3	超过90 000元至300 000元的部分	20	—
4	超过300 000元至500 000元的部分	30	
5	超过500 000元的部分	35	

注：①个人独资企业经营所得收入的最高税率为35%，而工资薪金和劳务报酬所得要按照综合所得申报缴纳个税，最高税率为45%。网红们的收入远远超过了适用最高税率的应纳税所得额，因此税率上就差了10%。

②个人独资企业可以按照核定征收的方式计算纳税基数，由此导致计算出来的纳税基数比综合所得要小得多。

大家都知道个人独资企业承担无限责任，所以不合规经营的话，产生债权债务后是非常麻烦的，企业资金不够抵偿，需要用自家财产还债，所以，企业一定要合规经营，不能乱来。

法律适用：个人独资企业适用《中华人民共和国个人独资企业法》；按照我国现行税法有关规定，私营独资企业取得的生产经营所得和其他所得，应按规定缴纳个人所得税。

4.2.3　个体工商户

个体工商户是指生产资料属于私人所有，主要以个人劳动为基础，劳动所得归个体劳动者自己支配的一种经济形式。个体工商户有个人经营、家庭经营与个人合伙经营三种组织形式。由于个体工商户对债务负无限责任，所以个体工商户不具备法人资格。严格来说，它都不算企业，应当以投资者个人的名义从事商业活动。

个体工商户要求最为简单，没有最低出资额、治理结构等要求，在法律上也没有对会计核算作出强制规定。原则上，只要税务机关同意，个体工商户无须设置账套。

在法律上，个体工商户适用《促进个体工商户发展条例》（中华人民共和国国务院令第 255 号）。在税法上，发生增值税应税行为都是要交增值税的，一般都是小规模纳税人，个体工商户要交个人所得税。

本章小结

无论以上哪种形式的市场主体，我们都要从几个维度去防范和规避企业的经营风险。

（1）是否存在人员数量与业务的匹配。

（2）是否存在经营范围写了满满的半个页面，主营业务不突出。

（3）是否存在没有实际经营地址和办公场所，特别是实施税收洼地政策规划的，市场监督管理局和主管税务部门每年都要进行双随机抽查，比例为 3％～5％不等，要进行实地核查，一旦被抽中则就可能被列入异常户，将影响企业信用、发票领用等实际业务。

（4）是否存在经营负责人是挂名的，每年支付一定的费用，并且借用该负责人的个人卡当作资金过账的通道。未来这种资金循环回笼在大数据技术的升级管控下，很容易踩雷。

（5）是否存在不具有合理的商业目的，没有明确的战略定位的现象。根本没有融入企业的日常经营中去，也没有融入整个产业价值链中去，可能涉及虚构合同，虚开发票等违法行为。

（6）是否考虑了注销成本。现在的行政管理是从事前向事中、事后管理改变，易注册，难注销，是现在大部分企业主头疼的问题。原因就是账面上的利润、资产和曾经开过的发票，未取得发票的成本，经不起主管部门的调阅。

（7）是否存在偷税行为。税收是国家用来进行二次分配的基础，是实现共同富裕的前提。高收入者应该按照有关规定主动、诚实纳税。

第 5 章

中小微企业制度的设立

企业的好与坏都有其内在和外在的原因，即微观和宏观的原因。对于企业来说，发展的宏观环境不可忽略，但突破自身的局限性是关键。企业的微环境是企业生产和发展的特定环境，是与企业生产、销售、人力资源、财务资源、物质资源和信息直接相关的客观环境。

5.1 三大管控体系

在现阶段，中小企业的发展受到影响的主要原因包括公司资源不足，缺乏核心竞争力，企业组织管理不善等。实际表现为：家庭管理方法广泛，决策不民主，不遵守原则，管理质量低下；尚无建立现代企业管理制度，经验管理和个人冒险精神上都很大。中小企业内部的裙带关系现象层出不穷。大多数中小型企业的领导缺乏专业知识，他们很难制订公司战略并科学地管理企业。

当然，中小企业具有大中型企业无法比拟的优势；中小型企业经营灵活，适应性强，生存空间大；中小型企业流动性差，高风险小；中小企业的内部组织结构简单，管理范围小，管理效率高。中小企业产品单一，易于集中优势资源，达到行业最高生产水准。

了解中小微企业的现状后，我们通过 SWOT 分析方法，分析中小企业的微环境，可以找到解决问题的根本方法。

5.1.1 嫁接式的"以人为本"

人是第一生产力，企业价值都是由人创造。中小微企业大部分是家庭或者家族式的团队，而这种管理方式产生的最主要原因是缺乏安全和信赖，企业可以将执行工作、核心技术及客户资源等由自己的团队掌握，而将自己不擅长的人力资源开发、营销、税收规划外包第三方。

在大多数人看来，服务业指的就是餐饮零售、公共服务等，其实这种观念已经不合时宜。现代服务业涵盖的范围非常广：金融、地产、交通运输、邮政物流、教育咨询、体育娱乐都属于服务业的范畴。不要以为服务业和高科技领域无缘，计算机和软件行业同样也属于现代服务业。也正因为如此，服务业在西方国家已经成为经济的主导力量，占 GDP 的比重超过 70%，既有高薪的科技创新公司，也有普通的零售餐饮，提供了大量的就业岗位。中小微企业想在发展路上杀出一条自己的路，要"以长补短"形成市场竞争力，并安全稳定的发展，模型如图 5-1 所示。

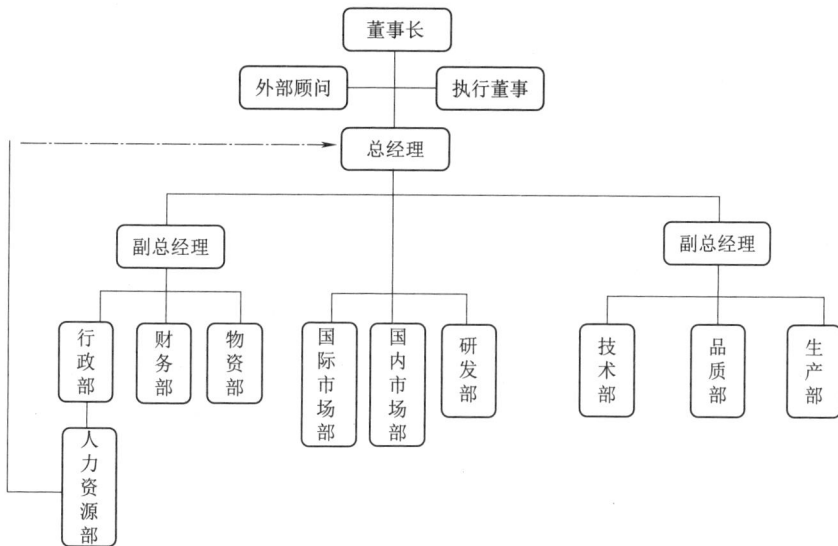

图 5-1　外部协助与内部架构设置图

5.1.2 开发副新产品并建立完整的售后服务体系

中小微企业的缺点是缺乏核心竞争力。我们可以运用它们的灵活性和强适应性来补救它们的不足，即开发一些市场上需求不多的产品。但是，这并不意味着原本的旗舰产品已经废弃，公司已全然转型，而是一小部分资产在原有的旗舰产品的基础上，经营稀缺和需求高的产品。这样，公司就有可能在经营这些"副产品"的同时为公司流入活力，从而带动主要产品乃至整个公司的发展，并使公司摆脱窘境。

中小微企业产品销售不佳的主要原因不是他们的产品质量，而是售后服务差。需要增强客户的体验感，加强客户对产品的黏性。顾客对产品的信任在很大程度上取决产品的售后服务，这可能需很多短期内的人力和物力，但从长期利益的视角来看，这是建立市场诚信和品牌观点的好方法。

5.1.3 建立科学的管理制度

俗话说"没有规矩，不成方圆"。中小微企业虽然存在系统不完善，管理不科学的问题，但管理范围小，管理效率高，如果人少，管理起来就容易。在管理上，要建立科学的管理制度，从最高管理者开始，按照公司制度做事；在用人方面，也要任命有才干的人。上面提到的科学管理体系不仅包括人力资源管理，还包括生产管理、财务管理、企业战略管理等实情验证。科学管理具有改善工作等一系列好处并节省成本，这对于中小型企业是关键。没有科学的管理体系，就没有建立竞争力的资本。企业没有业务增长，更无须谈企业的出路了。

要达到此目标，培训是最好的手段和方法之一，统一思想，员工也不懈怠，有明确的岗位职责和奖励机制，提高生产效能，创造更高的价值，个人和企业都得到了提高和发展。

5.2 财务管理制度

目前大多数中小微企业的财务管理制度不健全，一般都是企业所有者掌握财务决策权力。由于受到多种因素的影响，管理者管理意识淡薄，主要体现在以下几方面：一是没有按照规定定期制作财务报表，且无论是核算还是结算工作均由一人完成，缺乏监督过程；二是资金与账目没有分开管理，财务管理部门各岗位职责不明确，出现问题以后相互推脱，找不到问题根源所在；三是对现金账款的管理不够科学，在市场经济的大环境下，中小微企业之间的竞争越来越激烈，为了增加产品销售资金，很多企业可能会盲目采用信贷方式，这就导致坏账率明显增加，无形中增大了企业的财务风险；最后是小微企业财务管理人员综合素质不高。从管理者的角度来说，一般只注重短期经营目标的实现，不能将企业财务管理与企业长期发展战略结合起来。

从基层工作人员的角度来说，由于不能认识到自身工作的重要性，工作的独立性不强，相关工作往往都是按照领导意愿完成，很多数据不能真实反映企业财务水平，仅仅是为了应付税务部门或者是市场监督管理部门的工作，没有建立一个长期的管理目标，这对企业的可持续发展是极为不利的，亟待完善财务管理机制。

5.2.1 财务部门岗位职责

在明确部门岗位职责前，一定要先确定好部门的组织架构，方便未来执行业务流程。以下是给大家参考的中小微企业财务部门的组织架构，如图5-2所示。

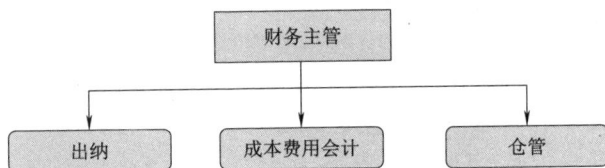

图 5-2 财务部门架构

确立好的部门架构，下面我们根据企业自身的情况和条件，明确各岗位人员的职责，职责是对员工工作质量的保证，也是制订薪酬的依据和标准，只有责任和价值都能呼应，才能让公司整个大系统运营有效，见表5-1。

表 5-1 财务部门人员岗位职责

岗位	工作职责	负责对象
财务经理（主管）	负责公司的全面财务会计工作，包括但不限于按会计准则组织处理会计凭证，定期资产盘点，纳税申报和缴纳，按时出具报表；审核每月薪酬的发放表；做好会计档案的整理和归档保管工作；定期组织财务部门人员与其他部门或客户的账目核对工作；为生产经营活动提供数据信息支持；承办总经理交办的其他事项等	企业负责人或总经理

岗位	工作职责	负责对象
出纳	按制度流程办理日常费用的报销；日常现金、票据、网银收支，并做好日记账；每天盘点资金，包括票据和白条，做到日清；做好工资的发放；月末与会计核对资金发生额及余额；每月到银行打印银行流水和对账单；对未达账项编制余额调节表；办理领导交办的其他事项	财务经理（主管）
成本费用会计	负责公司制造费用、生产成本、管理费用、财务费用的核算；产品成本、费用的分析；每月各项税金的核算；负责相关往来账务的核算；分析往来款项，提出应收款预警；为计算薪酬提供人工成本依据；每月末与仓库盘点，并做好存货周转率分析，给企业采购和销售提供数据信息支持；按时按质完成领导交办的其他工作	财务经理（主管）
仓管	1. "收"：仓管员根据采购或供货方提供的送货单据及时点收货物，对进仓货物必须严格根据采购或供货方提供的送货单据按质、按量验收，确认无误才能按类别存放。 2. "管"：把验收好的货物按照指定的位置予以有序存放，做好仓库的日常安全工作和货物的保管工作。 3. "发"：根据财务提供的出库单，清点出库货物。出库时，一定要严格按照出库单据上的货物清单，对于手续不完备的，不得给予出库；要做到先进先出、后进后出，防止商品变质、霉坏，尽量减少损耗。 4. "盘"：每月月底前两天进行盘库，确定各种存货的实际库存量，按照财务提供的"库存现量表"进行库存盘点，与电脑中记录的结存量核对，并存档盘点后的单据。 5. "报"：做好仓库物资信息管理工作，对存货数量进行定期核对，对仓库物品按库存预警提前做好缺料报警和上报积压物资。 6. 按时完成上级交办的其他工作	成本费用会计、财务经理（主管）

5.2.2 资金管理

企业资金管理是企业根据市场环境及企业经营与财务目标要求，将企业资金合理优化配置。确保企业生产经营处于正常可控状态之中，从而不断提高企业资金使用效率。鉴于中小微企业存在公司与个人的资金混用，内控体系不健全，企业信息化程度不够，财务管理能力薄弱，基本是靠老板来打理资金，很多信息的不对称，也使老板在管控中做出错误的判断。

2022 年，国家宏观政策加强了对企业收付款资金管控力度，中国人民银行、银保监会、证监会联合发布了《金融机构客户尽职调查和客户身份资料及交易记录保存管理办法》，一石激起千层浪，资金是企业的血液，特别是对广大的中小微企业来说，让我们认真解读下这份文件。

为进一步完善反洗钱监管制度，提高反洗钱工作水平，经中国人民银行行务会审议通过和银保监会、证监会审签，中国人民银行、中国银行保险监督管理委员会、中国证券监督管理委员会日前联合印发《金融机构客户尽职调查和客户身份资料及交易记录保存管理办法》（中国人民银行 中国银行保险监督管理委员会 中国证券监督管理委员会令〔2022〕第 1 号，以下简称《办法》），自 2022 年 3 月 1 日起施行。

....

《办法》完善了客户身份资料及交易记录保存的具体要求。下一步，中国人民银行等部门将持续做好《办法》的落地实施工作，督促金融机构不断提高反洗钱工作水平，规范反洗钱履职行为，切实做好我国洗钱和恐怖融资风险防控工作。

附：《金融机构客户尽职调查和客户身份资料及交易记录保存管理办法》

....

第八条　金融机构不得为身份不明的客户提供服务或者与其进行交易，不得为客户开立匿名账户或者假名账户，不得为冒用他人身份的客户开立账户。

第九条　开发性金融机构、政策性银行、商业银行、农村合作银行、农村信用合作社、村镇银行等金融机构和从事汇兑业务的机构在办理以下业务时，应当开展客户尽职调查，并登记客户身份基本信息，留存客户有效身份证件或者其他身份证明文件的复印件或者影印件：

（一）以开立账户或者通过其他协议约定等方式与客户建立业务关系的；

（二）为不在本机构开立账户的客户提供现金汇款、现钞兑换、票据兑付、实物贵金属买卖、销售各类金融产品等一次性交易且交易金额单笔人民币 5 万元以上或者外币等值 1 万美元以上的。

第十条　商业银行、农村合作银行、农村信用合作社、村镇银行等金融机构为自然人客户办理人民币单笔5万元以上或者外币等值1万美元以上现金存取业务的，应当识别并核实客户身份，了解并登记资金的来源或者用途。

第十一条　金融机构提供保管箱服务时，应当了解保管箱的实际使用人，登记实际使用人的姓名、联系方式、有效身份证件或者其他身份证明文件的种类、号码和有效期限，并留存实际使用人有效身份证件或者其他身份证明文件的复印件或者影印件。

关于《金融机构客户尽职调查和客户身份资料及交易记录保存管理办法》有几个重点：一是金额"5万元人民币或者外币等值1万美元"；二是达到金额需提供资金来源证明。合法的一般就是收入，也就将成为税收征管的依据，这样就从源头上把资金性质做好定性，也方便了一些案件的受理。

提高资金的使用率，保证生产经营的稳定可持续，企业应从以下几个方面做好资金管控。

（1）根据生产经营实际需要，将应认缴的注册资本金实缴出资。中小微企业的通病是比如注册资本200万元，实缴资本为0元，在公司经营要备货备料时，账上就挂着股东往来款百万元，未来要实缴注册资本还可能因分红交税后才有资金来完成，这不仅增加了公司的运营成本，还不符合《公司法》的相关规定。

（2）确保资金总量和借款、还款的筹划。只有资金总量得到保证，才能保障资金的快速周转。因此，首先要保证有足够的营运资金，营运资金一般应相当于企业2至3个月的销售额；其次要做好生产经营过程中资金占用和资金来源的测算与平衡；最后要做好归还借款或债务所需资金的平衡。

（3）资金管理流程与公司章程的约定匹配，在重大融资、担保、贷款业务中按公司章程要求执行审批流程，避免重大资金回收风险。

（4）做好资金的安全防范工作。企业的资金安全是防范风险工作的重中之重，一定要做好资金安全管理。一是要做好资金的安全管理，前提要做好资金支付的授权，严格不同职责的支付权限，超出支付权限的一律不予办理；二是要做好资金管理岗位的内部牵制工作，不相容岗位绝对不允许由一人兼任；三是加强与银行之间的配合，对超过一定数额的重大支付项目，采取银行电话询证的办法；四是经常进行资金收支业务的检查，对存在疑问的问题要一查到底；五是限制银行账户的开列和审批，严格银行账户的数量。总之，资金的安全是企业风险防范工作的最重要的工作之一，一定要采取切实的措施和行动确保其安全。

（5）降低资金的沉没成本，在有一定盈余和节假日做短期的时间归集，存入 3 天或 7 天的理财户，可以既不影响生产经营，还可作为财务费用的弥补。

5.2.3　物资管理

核心是为规范公司固定资产物品采购、使用及管理，控制财产浪费、流失、提高资产利用率，管控流程如图 5-3 所示。

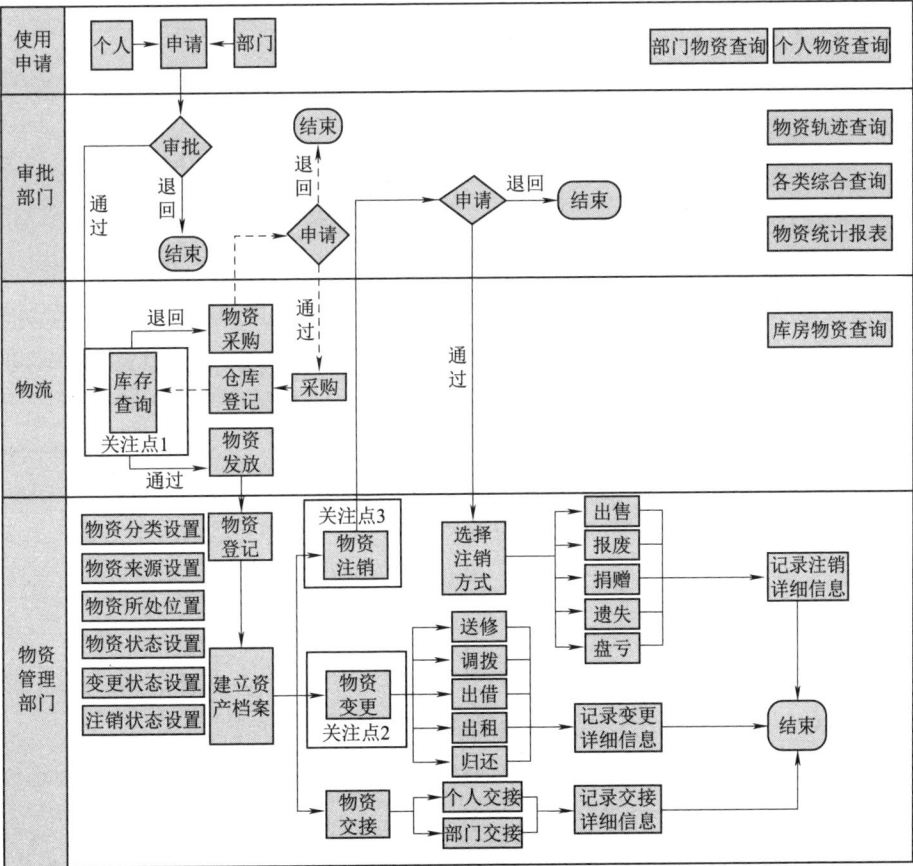

图 5-3　物资管理流程图

流程要走顺，可以看出支撑点：一是制度先行，确定管理范围、物资的定义范围，明确人员分工及权责制，以防在管理中因信息不对称，理解误导，而推诿责任，管理混乱；二是建立数字信息化管理，有可视化的库存数据，做到可溯源、可视化、可监督；三是在关键岗位设置人员进行登记管控；四是会计核算口径和物资管理实际口径要一致，比如财务处理上货架可能作为低值易耗品进行核算，而物资管理部门将此类作为固定资产登记管理，造成账实不符的。

注：（1）关注点 1 是为了不必要的采购浪费，防止物资闲置；

（2）关注点 2 是为了资产不丢失，进行必要的手续登记管理，否则易造成物资的重复采购，浪费资金，以及资产周转率的合理评价，产生不合理的成本；

（3）关注点 3 的重点是审批程序，合理评估物资价值或毁损原因，直接关系产品成本。

5.3 人事管理制度

中小微企业具有生产经营的灵活性，容易让员工产生不稳定的印象，所以更要注重人事管理，保持人员一定的流动性，也是产品质量，客户稳定的重要保障之一。制度上可以从聘用、试用、考勤、假期、工资薪酬、培训、晋升、辞职和解聘这几个方面来考虑编写，参考范本如下。

人事管理制度范本

为加强××有限公司（以下简称"公司"）员工队伍建设，增强员工素质，提高公司人力资源管理水平，特制定本人事管理制度。

第一章 总则

第一条 公司人事管理的主管部门为企管部，对上向主管经营的副总经理负责，对下由人力资源主管负责日常事务。

公司的部门设置、人员编制、企管部经理的任免、去留及晋级由总经理负责；

公司总经理、副总经理、总经理助理的任免、去留事项由董事会负责。

第二条　企管部有关人事管理的职责如下：

（1）负责贯彻执行国家有关人事方面的政策法规，结合本公司情况，制定并实施公司的人力资源规划和具体计划。

（2）根据各部门的人力需求计划，负责对人才引进和招聘工作进行具体操作。

（3）负责拟订和修改公司的人事、劳资、培训等方面的政策及规章制度，经批准后，负责监督执行。

（4）负责拟订员工岗位薪酬制度。

（5）负责拟订本公司员工绩效考核体系及奖惩方案，并组织实施。

（6）根据公司员工实际状况和企业发展的需要，制定并实施公司的人员培训计划。

（7）负责组织员工的各种岗位培训。

（8）负责公司员工的社会保障工作。

（9）负责员工辞退及内部调配，代表公司处理劳动纠纷。

（10）负责办理员工劳动合同的签订、续订、入职和离退职等人事手续。

第三条　本制度除另有规定外，适用于公司全体员工。

第四条　本制度中所涉及的"员工"，是指在公司工作的所有在职人员，包括正式职工和短期聘用员工。

正式员工是本公司系统员工队伍的主体，享受本制度中所规定的各种福利待遇；

短期聘用员工指具有明确聘用期的临时工、离退休人员及少数特聘人员，其享受待遇由聘用合同书中规定。短期聘用员工聘期满后，若愿意继续受聘，经公司同意后可与公司续签聘用合同。

5.4 合同印章管理制度

现代的合同管理包括合同的审批、签订、履行、变更、终止、违约处理等全过程，以及相关的计划、组织、控制、调节、诉讼和监督检查等管理活动。企业合同管理活动中充满了风险，经营活动争议产生后，最终先看的是合同约定。它就像一根导火索，没出现风险放出的是烟花，出现风险就是炸药包。企业从内控上先订立制度，做好风险防控，范本如下。

印章管理制度

　　第一条　总则公司印章是企业合法存在的标志，是企业权力的象征。为了保证公司印章的合法性、可靠性和严肃性，有效地维护公司利益，杜绝违规行为的发生，加强公司公章的管理，便于公章的刻制、使用、销毁等各环节的工作，减少和避免因公章疏于管理给公司造成的损失，特制定本管理制度。

　　第二条　公司印章的刻制

　　一、公司印章的刻制均须报公司董事长审批。（见印章刻制申请表）

印章刻制申请表

申请时间：		申请部门：		
印章全称：		负责人签字：		
申请理由：				
行政部意见：	行政部经理签字：			
			年　　月　　日	
董事长意见：	董事长签字：			
			年　　月　　日	

　　二、法人个人名章、行政章、财务章、合同章，由行政部开具公司介绍信统一到指定的公安机关办理雕刻手续，印章的形体、规格按国家有关规定执行，并经保定市公安局备案。

　　三、公司各部门的专用章（合同章、技术专业章等），由各部门根据工作需要自行决定其形体、规格。

　　四、未经公司董事长批准，任何单位和个人不得擅自刻制本部门的印章。违者视情节按照公司问责制处理，并承担因此产生的一切后果。

本章小结

　　《诗经》中所说"天生烝民，有物有则"，即是讲"上天造就人民，孕万物来育法则"。制度是保障作业流程、经营秩序，防止操作中的不良行为的发生。同时也是预防和解决劳动争议和合作纠纷的重要依据。由于国家法律法规对企业管理有关事项缺乏足够详细的规定，事实上，企业依法制定的规章制度在管理中发挥了与法律同样的效力，可以作为人民法院审理有关争议案件的依据。因此，企业合法完善的规章制度有利于保护企业的正常运行和发展。

第 6 章

市场主体年报的填写

市场主体年报是工商部门组织开展的企业年度报告公示制度。通过市场主体年报，可以让社会公众与合作伙伴了解企业的经营情况，保障交易安全；而企业通过市场主体年报，可向外界展现企业的实力与诚信经营的形象，利于企业的长远发展。年报还是企业生产经营的需要。年报记录了市场主体的基础经营活动信息，有利于市场主体之间彼此掌握和了解对方的基本情况，在互信的基础上进行市场活动，有利于降低市场交易成本。

6.1 需要年报公示的企业

凡是上一年 12 月 31 日前登记注册，领取营业执照的公司、非公司企业法人、合伙企业、个人独资企业、分支机构、个体工商户都要进行年报填写。

年报的填写时间是当年的 6 月 30 日之前。填报路径一为"国家企业信用信息公示系统"网站，注册联络员后填报，如图 6-1 所示。

路径二：部分省份有定制专门的 App 进行手机端填报，比如广东省就有推广使用"粤商通"App。

企业信用信息公示依据《中华人民共和国政府信息公开条例》《企业信息公示暂行条例》等，公示的主要内容包括：市场主体的注册登记、许可审批、年度报告、行政处罚、抽查结果、经营异常状态等信息。

图 6-1 官方年报网址界面

6.2 填报要求

（1）在海关注册的报关单位、加工生产企业和有减免税设备企业（含个体工商户、农民专业合作社，以下统称"海关管理企业"）不再通过海关相关业务平台报送海关年报，相关个体工商户也不适用纸质年报，改为统一通过国家企业信用信息公示系统报送年报。

（2）外商投资企业（机构）应按照《中华人民共和国外商投资法》的规定，统一通过国家企业信用信息公示系统报送年报。

（3）大型企业要将逾期尚未支付中小企业款项的合同数量、金额等信息，通过国家企业信用信息公示系统填报并公示。

（4）本报告书所有信息项均为必填项，如果该项内容确无信息，请填写"无"。

（5）企业填报的通信地址、邮政编码、联系电话、电子邮箱、存续状态、网址、网站信息均为报送时的信息，其余信息为所报告年度 12 月 31 日的信息。

（6）本报告书填报中涉及金额信息项的以万元为单位，可保留小数点后六位。

（7）企业资产状况信息，应当是企业年度资产负债表和利润表中的期末数；纳税总额为企业全年实缴各类税金的总和。

（8）企业主营业务活动指企业实际从事的主要业务活动。

（9）参保各险种人数指报告期末参加社会保险的职工人数（不含离退休人数）。单位缴费基数指报告期内单位缴纳社会保险费的工资总额，按缴费人员的应缴口径计算。本期实际缴费金额指报告期内单位实际缴纳的社会保险费，不包括补缴欠费和跨年度（或跨季度）的预缴金额。单位累计欠缴金额指截至报告期末单位累计欠缴各项社会保险费金额（本金）。

（10）企业生产经营情况、对外担保、从业人员、社保缴费信息为非强制性公示的事项，可选择是否向社会公示。其中，对外担保信息可以选择某条具体信息是否向社会公示。

（11）表中"高校毕业生人数"是指报告期内录用的毕业两年内的高校毕业生；"退役士兵人数、残疾人人数、失业人员人数"是指报告期内录用的退役士兵、残疾人、失业人员。此类信息为不公示信息。

（12）党建信息为不公示信息，主要采集企业党组织的建立情况，但属于抽查范围。其中，中共党员（包括预备党员）人数，为截至年度报告年份12月31日的中共党员数。

（13）海关管理的企业需要按照以下规则填写表格剩余部分：

①企业填报的"经营补充信息"和"自律信息"为所报告年度的信息，其余信息均为报送时的信息；

②企业英文名称：对外贸易经营者填写"对外贸易经营者备案登记表""外商投资企业设立备案回执"上的"经营者英文名称"或"企业名称（英文）"、国际货运代理企业填写"国际货运代理企业备案表"上的"企业英文名称"，其他企业或组织机构可以根据情况填写；

③企业英文地址：对外贸易经营者填写"对外贸易经营者备案登记表""外商投资企业设立备案回执"上的"经营场所（英文）"、国际货运代理企业填写"国际货运代理企业备案表"上的"经营场所（英文）"，其他企业或组织机构可以根据情况填写；

④跨境贸易电子商务企业类型：根据企业情况勾选"电子商务企业""电子商务交易平台""物流企业""支付企业""监管场所运营人"，可同时勾选多项；非跨境贸易电子商务企业不勾选；

⑤开户银行和开户账号：填写银行"开户许可证"上的基本存款账户"开户银行"和"账号"。

6.3 不进行企业信息公示的后果

为了对市场主体"宽进严管"的基本要求，在放宽注册资本准入条件的同时，进一步强化市场主体的责任，建立健全配套监管制度，强化企业信息约束机制，促进社会诚信体系建设，市场监督管理局对企业信息未按期如实进行公示，根据《企业信息公示暂行条例》作出如下处理：

> 第十七条　有下列情形之一的，由县级以上工商行政管理部门列入经营异常名录，通过企业信用信息公示系统向社会公示，提醒其履行公示义务；情节严重的，由有关主管部门依照有关法律、行政法规规定给予行政处罚；造成他人损失的，依法承担赔偿责任；构成犯罪的，依法追究刑事责任：
>
> （一）企业未按照本条例规定的期限公示年度报告或者未按照工商行政管理部门责令的期限公示有关企业信息的；
>
> （二）企业公示信息隐瞒真实情况、弄虚作假的。
>
> 被列入经营异常名录的企业依照本条例规定履行公示义务的，由县级以上工商行政管理部门移出经营异常名录；满3年未依照本条例规定履行公示义务的。
>
> 企业自被列入严重违法企业名单之日起满5年未再发生第一款规定情形的，由国务院工商行政管理部门或者省、自治区、直辖市人民政府工商行政管理部门移出严重违法企业名单。

本章小结

在注册登记改革破除了企业"宽进"障碍之后，《企业信息公示暂行条例》主要针对后续的"严管"问题，以"保障公平竞争，促进企业诚信自律，规范企业信息公示，强化企业信用约束，维护交易安全，提高政府监管效能，扩大社会监督"为目的而制定。在信息时代，政府提供公共服务的主要方式，是对信息的收集和公示；政府信息公开，是促进经济发展的重要途径。企业信息公示规范，以提高政府监管效能，促进企业诚信自律，扩大社会监督为手段；如能规范企业信息公示，则强化企业信用约束、维护交易安全和保障公平竞争可期。

第7章

子公司与分公司

分公司是与总公司或本公司相对应的一个概念，它是总公司下属的直接从事业务经营活动的分支机构或附属机构。分公司与总公司的关系虽然同子公司与母公司的关系有些类似。但分公司的法律地位与子公司完全不同，它没有独立的法律地位，不独立承担民事责任。

子公司是指一定比例以上的股份被另一公司所拥有或通过协议方式受到另一公司实际控制的公司。

7.1 | 法律风险的差异

分公司的特征具体表现为：

（1）分公司没有自己的独立财产，其实际占有、使用的财产是总公司财产的一部分，列入总公司的资产负债表中；

（2）分公司不独立承担民事责任；

（3）分公司不是公司，它的设立不须依照公司设立程序，只要在履行简单登记和营业手续后即可成立；

（4）分公司没有自己的章程，没有董事会等形式的公司经营决策和业务执行机关；

（5）分公司名称，只要在总公司名称后加上分公司字样即可。

子公司具有法人资格，可以独立承担民事责任，这是子公司与分公司的重要区别。

承担债务的责任方式不同。母公司作为子公司的最大股东，仅以其对子公司的出资额为限对子公司在经营活动中的债务承担责任；子公司作为独立的法人，以子公司自身的全部财产为限对其经营负债承担责任。分公司由于没有自己独立的财产，与隶属公司在经济上统一核算，因此其经营活动中的负债由隶属公司负责清偿，即由隶属公司以其全部资产为限对分公司在经营中的债务承担责任。

7.2 | 税收征管手段的差异

子公司与分公司税收征管手段差异如下。

（1）子公司的处理：子公司作为独立法人，实行独立核算并独立申报纳税，是完全独立的纳税人，承担全面的纳税义务。

（2）分公司的处理：分公司作为分支机构的一种，适用总机构的相关政策。总机构和分支机构应依法办理税务登记，接受所在地主管税务机关的监督和管理。

（3）法律依据如下：

①根据《中华人民共和国企业所得税法》（以下简称《企业所得税法》）第五十条规定：除税收法律、行政法规另有规定外，居民企业以企业登记注册地为纳税地点；但登记注册地在境外的，以实际管理机构所在地为纳税地点。

居民企业在中国境内设立不具有法人资格的营业机构，应当汇总计算并缴纳企业所得税。符合规定条件的汇总纳税的分公司，实行"就地预缴、汇总清算"；无法提供汇总纳税企业分支机构所得税分配表，又无法证明分支机构的，按照独立纳税人就地缴纳企业所得税；分公司实行独立核算、不汇总纳税的，按照独立纳税人就地缴纳企业所得税。

②根据《中华人民共和国增值税暂行条例》第二十二条规定，增值税纳税地点：

固定业户应当向其机构所在地的主管税务机关申报纳税。总机构和分支机构不在同一县（市）的，应当分别向各自所在地的主管税务机关申报纳税；

经国务院财政、税务主管部门或者其授权的财政、税务机关批准，可以由总机构汇总向总机构所在地的主管税务机关申报纳税。

7.3 如何选择子公司与分公司

企业可以从以下方面来考虑选择。

1. 企业战略层面的考虑

需要跨省设立下属机构，更适用设立子公司；企业在异地设立的机构不直接面向客户，异地机构是对企业内部提供相关的服务，承担一定的职责，这种情况下采用分公司的模式比较合适。

2. 行业资质层面的考虑

在一些需要资质才能开展相关经营活动业务时，分公司可以因母公司取得相关资质而直接签订合同实施，比如建筑企业的一级、二级资质，而子公司因为是独立的法人，则不因母公司具备而享受免资质（或者免许可），这也是我们在具体运用上的一个非常重要需要识别的点。

3. 投资周期层面的考虑

如果是投资周期比较长，分步骤投资、分阶段投资的项目采用分公司会比较合适。

4. 税赋层面的考虑

照税法规定，当总机构可以享受税收优惠时，可以选择总分公司模式，使分支机构也享受税收优惠待遇；或者当本公司盈利，预计新设立的下属公司出现亏损，建议采用总分公司的形式较为合适，可以享受和总公司收益盈亏互抵的好处。

业务规模比较小，它符合小规模纳税人的标准，也就是说一年的营业额不超过 500 万元。这种情况下，我们也可以在当地设立一家分公司。让分公司做小规模，这样可以从整体上节约增值税。

本章小结

业务发展稳定后，就会开枝散叶，演变出很多新的商业模式和团队，这时候就不是这一口缸的水怎么蓄满的问题，更多是要考虑利益捆绑，以及团队的高效和稳定。这里不仅涉及法律风险，还要考虑财务合规下的财富安全，安全是底线。做决策就是在选择未来，所以做好自己能承受，能驾驭的商业模式才能赢在未来。

中篇

税务管理

　　学过财务管理的同学都知道，固定成本是会带来经营杠杆的，加的杠杆越大，风险也就越大。所以合理控制好固定成本，才是赢得我们市场竞争力的关键。本篇我们主要从税的本质、税种，以及应税范围、税率、计算方法、税收优惠等，并结合发票、纳税申报、合同管理等详细解说业务与税的关系。

第 8 章

不出钱的"股东"：税费

税收是以实现国家公共财政职能为目的，基于政治权力和法律规定，由政府专门机构向居民和非居民就其财产或特定行为实施强制、非罚与不直接偿还的金钱或实物课征，是国家最主要的一种财政收入形式。

8.1 税的本质

国家取得财政收入的方法有很多种，如税收、发行国债、收费、罚没等，而税收则由政府征收，取自于民、用之于民。税收具有无偿性、强制性和固定性的形式特征。税收"三性"是一个完整的体系，它们相辅相成、缺一不可。

税是从业务中产生，合同签订时即决定交易行为，而交易行为决定了税收。想用好税收政策和避免税收风险，企业必须在业务发生之初规划，最忌靠拍脑袋决策。简单来说，只有改变交易行为，才能改变税收结果。

商业模式和业务实质是决定税收的根本。在高层运筹重要经营决策之前必须要考虑税收风险，让财务参与整个过程是防范税收风险的第一关，同时尽量用好用足优惠政策。

8.1.1 税的"两面性"

税的两面性是指"税"具有无偿性和强制性。这些都体现在企业的经营中"税"是刚性成本。

围绕着企业经营先要搞清楚最主要的五大关系人：股东、客户、供应商、员工、国家。有些老板喜欢打麻将，在麻将桌上必有一方或多方输才能让自己赢，如果办企业也用这样的思维就很危险了。企业要想长久地生存并得以健康成长就要千方百计地让这几方关系人都能从中获益才能使自己成功，特别是国家，就像是一个只盈不亏的股东，因此老板在办企业时必须考虑好税收的成本，如果你的成本预算当中没有税收，那么风险就在眼前。

8.1.2 税收三大体系

目前，我国的税收三大体系主要包括货物劳务税、所得税、财产行为税，共 18 个税种，见表 8-1。

表 8-1　税收三大体系 18 个税种

一、货物劳务税	二、所得税	三、财产行为税	
增值税	企业所得税	车船税	资源税
消费税	个人所得税	船舶吨税	环境保护税
关税		房产税	印花税
		土地使用税	契税
		土地增值税	烟叶税
		耕地占用税	城市维护建设税
		车辆购置税	

8.1.3 税种及税率

1. 货物劳务税

货物劳务税，也称流转税，是指在生产、流通或服务过程中，以货物与劳务的流转额（或数量）为课税对象的一类税的统称。

（1）增值税：在商品或劳务的流转环节征税，增值税一般纳税人常用税率为 6%、9%、13%，小规模纳税人的常用税率为 3%。

（2）消费税：针对高消费商品，对环境污染较大的商品，国家不鼓励消费的商品征税（如金银首饰、化妆品、汽车、烟、酒等）。

（3）关税：是以进出境的货物和物品为课税对象。

2. 所得税

所得税，包括企业所得税和个人所得税，它是对所有以所得额为课税对象的总称。

（1）企业所得税，在中华人民共和国境内企业和其他取得收入的组织（以下统称企业）为企业所得税的纳税人（个人独资企业、合伙企业除外）。

居民企业应当就其来源于中国境内、境外的所得缴纳企业所得税。居民企业，是指依法在中国境内成立，或者依照外国（地区）法律成立但实际管理机构在中国境内的企业。法定税率是25%，优惠税率有20%和15%两档。

非居民企业在中国境内设立机构、场所的，应当就其所设机构、场所取得的来源于中国境内的所得，以及发生在中国境外但与其所设机构、场所有实际联系的所得，缴纳企业所得税，优惠税率10%。

（2）个人所得税，是由国家相应的法律法规规定的，根据个人的收入计算，缴纳个人所得税是收入达到缴纳标准的公民应尽的义务。

根据收入来源性质不同，又分为综合所得、经营所得和其他所得三大类11个税目：

- 工资薪金所得；

- 个体工商户的生产经营所得；

- 对企事业单位的承包经营、承租经营所得；

- 劳务报酬所得；

- 稿酬所得；

- 特许权使用费所得；

- 利息股息红利所得；

- 财产租赁所得；

- 财产转让所得；

- 偶然所得；

- 其他所得。

税率因税目不同而有不同。

3. 财产行为税

（1）车船税，以车船为征收对象，向车辆与船舶（以下简称车船）的所有人或者管理人征收的一种税。车船税的征收范围，是指依法应当在我国车船管理部门登记的车船（除规定减免的车船外）。

车船税实行定额税率。定额税率，也称固定税额，是税率的一种特殊形式。定额税率计算简便，是适宜从量计征的税种。车船税的适用税额，依照车船税法所附的"车船税税目税额表"执行，见表8-2。

表8-2 车辆税税目税额表

税目		计税单位	年基准税额	备注
乘用车（按容量、排气量分档）	1.0升（含）以下	每辆	60~360元	核定载客人数9人（含）以下
	1.0~1.6升（含）		300~540元	
	1.6~2.0升（含）		360~660元	
	2.0升~2.5升（含）		660~1 200元	
	2.5升~3.0升（含）		1 200~2 400元	
	3.0升~4升（含）		2 400~3 600元	
	4升以上		3 600~5 400元	
商用车	客车	每辆	480~1 440元	核定载客人数9人以上
	货车	整备质量每吨	16~120元	包括半挂牵引车、三轮汽车和低速载货汽车
挂车		整备质量每吨	按照货车税额的50%计算	—
其他车辆	专用作业车	整备质量每吨	16~120元	不包括拖拉机
	轮式专用机械车	整备质量每吨	16~120元	
	摩托车	每辆	36~180元	
船舶	机动船舶	净吨位每吨	3~6元	拖船、非机动驳船分别按照船舶税额的50%计算
	游艇	艇身长度每米	600~2 000元	—

（2）船舶吨税，自中华人民共和国境外港口进入境内港口的船舶（以下称应税船舶），应当缴纳船舶吨税（以下简称吨税）。吨税设置优惠税率和普通税率。中华人民共和国籍的应税船舶，船籍国（地区）与中华人民共和国签订含有相互给予船舶税费最惠国待遇条款的条约或者协定的应税船舶，适用优惠税率。其他应税船舶，适用普通税率。税目及税率表见表8-3。

表 8-3 吨税税率表

税目 （按船舶净 吨位划分）	税率（元/净吨）						备注
	普通税率 （按执照期限划分）			优惠税率 （按执照期限划分）			
	1 年	90 日	30 日	1 年	90 日	30 日	
不超过 2 000 净吨	12.6	4.2	2.1	9	3	1.5	1. 拖船按照发动机功率每千瓦折合净吨位 0.67 吨； 2. 无法提供净吨位证明文件的游艇，按照发动机功率每千瓦折合净吨位 0.05 吨； 3. 拖船和非机动驳船分别按相同净吨位船舶税率的 50% 计征税款
超过 2 000 净吨，但不超过 10 000 净吨	24	8	4	17.4	5.8	2.9	
超过 10 000 净吨，但不超过 50 000 净吨	27.6	9.2	4.6	19.8	6.6	3.3	
超过 50 000 净吨	31.8	10.6	5.3	22.8	7.6	3.8	

（3）房产税，是以房屋为征税对象，按房屋的计税余值或租金收入为计税依据，向产权所有人征收的一种财产税。征收范围限于城镇的经营性房屋，法律依据为《中华人民共和国房产税暂行条例》。

（4）土地增值税，是对在我国境内转让国有土地使用权、地上建筑物及其附着物的单位和个人，以其转让房地产所取得的增值额为课税对象而征收的一种税。法律依据为《中华人民共和国土地增值税暂行条例》。

（5）耕地占用税，是对占用耕地建设建筑物、构筑物或从事其他非农业建设的单位和个人征收的税。法律依据为《中华人民共和国耕地占用税法》。

采用定额税率，其标准取决于人均占有耕地的数量和经济发展程度，在税率设计上采用了地区差别定额税率。税率规定如下：

● 人均耕地不超过 1 亩的地区（以县、自治县、不设区的市、市辖区为单位，下同），每平方米为 10～50 元。

● 人均耕地超过 1 亩但不超过 2 亩的地区，每平方米为 8～40 元。

● 人均耕地超过 2 亩但不超过 3 亩的地区，每平方米 6～30 元。

● 人均耕地超过 3 亩以上的地区，每平方米 5～25 元。

经济特区、经济技术开发区和经济发达、人均耕地特别少的地区，适用税额可以适当提高，但最多不得超过上述规定税额的 50%，见表 8-4。

表 8-4　各省、自治区、直辖市耕地占用税平均税额

地　　区	平均税额（元/平方米）
上海	45
北京	40
天津	35
江苏、浙江、福建、广东	30
辽宁、湖北、湖南	25
河北、安徽、江西、山东、河南、重庆、四川	22.5
广西、海南、贵州、云南、陕西	20
山西、吉林、黑龙江	17.5
内蒙古、西藏、甘肃、青海、宁夏、新疆	12.5

（6）车辆购置税，在中华人民共和国境内购置汽车、有轨电车、汽车挂车、排气量超过 150 毫升的摩托车（以下统称应税车辆）的单位和个人，为车辆购置税的纳税人，应当依照本法规定缴纳车辆购置税。车辆购置税实行一次性征收。

车辆购置税具有专门用途，由中央财政根据国家交通建设投资计划统筹安排。这种特定目的的税收，可以保证国家财政支出的需要，既有利于统筹合理地安排资金，又有利于保证特定事业和建设支出的需要。法律依据为《中华人民共和国车辆购置税法》。

车辆购置税实行从价定率的办法计算应纳税额，税率为 10%。

应税车辆的计税价格，按照下列规定确定：

● 纳税人购买自用应税车辆的计税价格，为纳税人实际支付给销售者的全部价款，不包括增值税税款；

● 纳税人进口自用应税车辆的计税价格，为关税完税价格加上关税和消费税；

● 纳税人自产自用应税车辆的计税价格，按照纳税人生产的同类应税车辆的销售价格确定，不包括增值税税款；

● 纳税人以受赠、获奖或者其他方式取得自用应税车辆的计税价格，按照购置应税车辆是相关凭证载明的价格确定，不包括增值税税款。

（7）资源税，是对在我国领域和管辖的其他海域开采应税资源的单位和个人，就其应税资源税数量征收的一种税。

资源税的作用：

● 调节资源级差收入，有利于企业在同一水平上竞争。

- 加强资源管理，有利于促进企业合理开发、利用。
- 与其他税种配合，有利于发挥税收杠杆的整体功能。
- 以国家矿产资源的开采和利用为对象所课征的税。开征资源税，旨在使自然资源条件优越的级差收入归国家所有，排除因资源优劣造成企业利润分配上的不合理状况。

（8）环境保护税，我国的环境保护税是指在中华人民共和国领域和中华人民共和国管辖的其他海域，直接向环境排放应税污染物的企业事业单位和其他生产经营者为环境保护税的纳税人，应当依照规定缴纳环境保护税。适用《中华人民共和国环境保护税法》。

税目、税率见表8-5。

表8-5　环境保护税税目税率表

税　目		计税单位	税　额	备注
大气污染物		每污染当量	1.2元至12元	—
水污染物		每污染当量	1.4元至14元	—
固体废物	煤矸石	每吨	5元	—
	尾矿	每吨	15元	
	危险废物	每吨	1 000元	
	冶炼渣、粉煤灰、炉渣、其他固体废物（含半固态、液态废物）	每吨	25元	
噪声	工业噪声	超标1~3分贝	每月350元	1. 一个单位边界上有多处噪声超标，根据最高一处超标声级计算应纳税额；当沿边界长度超过100米有两处以上噪声超标，按照两个单位计算应纳税额。 2. 一个单位有不同地点作业场所的，应当分别计算应纳税额，合并计征。 3. 昼夜均超标的环境噪声，昼夜分别计算应纳税额，累计计征。 4. 声源一个月内超标不足15天的，减半计算应纳税额。 5. 夜间频繁突发和夜间偶然突发厂界超标噪声，按等效声级和峰值噪声两种指标中超标分贝值高的一项计算应纳税额
		超标4~6分贝	每月700元	
		超标7~9分贝	每月1 400元	
		超标10~12分贝	每月2 800元	
		超标13~15分贝	每月5 600元	
		超标16分贝以上	每月11 200元	

（9）印花税是指在中华人民共和国境外书立在境内使用的应税凭证的单位和个人，应当依照规定缴纳印花税。在中华人民共和国境内书立应税凭证、进行证券交易的单位和个人，为印花税的纳税人，应当依照规定缴纳印花税。

印花税的计税依据如下：

> （一）应税合同的计税依据，为合同所列的金额，不包括列明的增值税税款；
>
> （二）应税产权转移书据的计税依据，为产权转移书据所列的金额，不包括列明的增值税税款；
>
> （三）应税营业账簿的计税依据，为账簿记载的实收资本（股本）、资本公积合计金额；
>
> （四）证券交易的计税依据，为成交金额。

印花税税目税率见表 8-6。

表 8-6　印花税税目税率表

税　目		税　率	备　注
合同（指书面合同）	借款合同	借款金额的万分之零点五	指银行业金融机构、经国务院银行业监督管理机构批准设立的其他金融机构与借款人（不包括同业拆借）的借款合同
	融资租赁合同	租金的万分之零点五	—
	买卖合同	价款的万分之三	指动产买卖合同（不包括个人书立的动产买卖合同）
	承揽合同	报酬的万分之三	—
	建设工程合同	价款的万分之三	—
	运输合同	运输费用的万分之三	指货运合同和多式联运合同（不包括管道运输合同）
	技术合同	价款、报酬或者使用费的万分之三	不包括专利权、专有技术使用权转让书据
	租赁合同	租金的千分之一	—
	保管合同	保管费的千分之一	—
	仓储合同	仓储费的千分之一	—
	财产保险合同	保险费的千分之一	不包括再保险合同

税　目		税　率	备　注
产权转移书据	土地使用权出让书据	价款的万分之五	
	土地使用权、房屋等建筑物和构筑物所有权转让书据（不包括土地承包经营权和土地经营权转移）	价款的万分之五	转让包括买卖（出售）、继承、赠与、互换、分割
	股权转让书据（不包括应缴纳证券交易印花的）	价款的万分之五	
	商标专用权、著作权、专利权、专有技术使用权转让书据	价款的万分之三	
营业账簿		实收资本（股本）、资本公积合计金额的万分之二点五	—
证券交易		成交金额的千分之一	—

（10）烟叶税，是各地的烟草公司所收购的烟叶，烟叶税的纳税对象是指晾晒烟叶和烤烟叶。通过征收烟叶税取代原烟叶特产农业税，实现烟叶税制的转变，完善烟草税制体系，保证地方财政收入稳定，引导烟叶种植和烟草行业健康发展。适用《中华人民共和国烟叶税法》。

烟叶税的征收环节为烟叶收购环节，烟叶税的计税依据是纳税人收购烟叶实际支付的金额，计算公式如下：应纳税额＝收购烟叶实际支付的价款总额×税率。税率为20%。

（11）城市维护建设税（以下简称城建税），是以纳税人实际缴纳的增值税、消费税税额为计税依据，依法计征的一种税。城建税的特征：①以纳税人实际缴纳的消费税、增值税税额为计税依据，分别与消费税、增值税同时缴纳；②加强城市的维护建设，扩大和稳定城市维护建设资金的来源。适用《中华人民共和国城市维护建设税法》。

税率按纳税人所在地分别规定为：市区为7%，县城和镇为5%，不在市区、县城或者镇的为1%。

8.1.4　税种之间的关系

经济体制改革的核心在于处理好政府与市场的关系，而财税改革恰恰是解决这一问题。原因在于，财政收支不仅是政府正常运作的基础，也是连接政府与企业、家庭的纽带。具体到财税改革来看，税种设置与优化恰恰是其出发点和归宿。

首先，"营改增"之后，国家从保持现有财力格局不变出发，为了不影响地方财政平稳运行，增值税保留了中央和地方分配方式"五五"格局。

前面我们谈到过增值税是价外税，而消费税、城建税、资源税、土地增值税、关税及教育费附加都是价内税，因此既然是价内税，则可以在计算企业所得税中扣除，而增值税却不可以扣除，但是增值税又是计算城建税的依据，因为城建税是根据实际缴纳的两税之和来计算的，因此可以看出虽然每个税种都有各自的特点，但是其中之间的联系还是非常紧密的。

其次，与我们不动产（房屋和土地）息息相关的土地增值税，在计算土地增值税的时候，我们要计算扣除项目，扣除项目第一项就是地价款和契税，因此，计算土地增值税要会计算契税，而契税是根据测算面积、证书面积或者申报面积乘以比例税率（3%～5%）计算出来的；而且我们还要扣除税金，房企部门是"一税两费"（城建税、教育费附加和地方教育附加），而非房地产企业是"两税两费"，即加上了一个印花税。印花税通常涉及的就是产权转移书据（按照万分之五或万分之三的比例，根据产权转移书据的金额进行计算），而对于企业所得税中，印花税已经计入"税金及附加"扣除的，不再单独作为税金予以扣除。

增值税和消费税可以说既有联系又有区别。增值税是逐环节纳税的，我们都叫它"链条税"，存在业务与业务之间的紧密相扣；而消费税仅仅在一个环节纳税，因此征收消费税的时候一定会涉及增值税，对于从价计征，增值税与消费税的税基都是一样，按照消费税的组成价格来计算。在计算方面，增值税是计算销项和进项税额，有进项税额的抵扣问题，而消费税主要采用从价从量和复合计税，采用从价计税时，外购或者委托加工继续生产的可以扣除上一环节已纳税金，但是扣除方法是领用扣税法。

企业所得税是重点税种，我们首先要了解基础会计知识，其次要把握要领，基本公式：

$$应纳税所得额＝会计利润＋纳税调整增加额－纳税调整减少额$$

根据公式，明白哪些是调整项目。我们还需要了解不征税收入、免税收入，以及扣除项目的要求扣除比例、税收优惠等，这样才能将所得计算清楚正确，某些时候还要知道如何调整境外所得（分国不分项），此处与个人所得税分国又分项是不同的。

个人所得税则是相对独立计算的一个税种，特点是征收面广。由于课税对象"收入"存在一定的隐蔽性，所以征收上相对难度要大。征收管理上纳税依据与收入的来源和"人"的身份有关。是自然人、合伙企业里的合伙人、个人独资企业的投资人。取得的收入项目是薪金、劳务报酬、经营所得、财产转让收入、股息红利、稿酬、偶然所得等。

那我们如何从税种间逻辑关系识别税务风险呢？我们先来看下面案例。

A房地产公司的财务人员接到了主管税务局的通知，要求自查说明2019年度是否少缴纳了企业所得税。该公司财务人员很迷惑：2019年度的企业所得税缘何会少缴，税务机关又是如何知道的呢？

缘由：税务局后台风险提示，城镇土地使用税明显减少。

A公司2019年度主要开发建设一住宅项目，共40栋住宅楼。2019年度企业所得税应缴税款为5 400万元，已如数缴纳。2019年度企业所得税汇算清缴过后，主管税务局使用"房地产全流程AI税收风险管理系统"，对企业汇算清缴的结果进行了全面复核。

2019年，A公司城镇土地使用税第一季度申报缴纳100万元，第二季度申报缴纳100万元，第三季度申报缴纳60万元，第四季度申报缴纳15万元，逐季减少幅度较大。"房地产全流程AI税收风险管理系统"提示税务人员：A公司可能少计了应纳税所得额，可能存在少缴企业所得税的情况。

A公司城镇土地使用税的申报缴纳信息与企业所得税有何关系？

城镇土地使用税计算方法为：应纳城镇土地使用税额＝开发初期应税土地总面积×城镇土地使用税单位税额标准×（1－累计售出房屋建筑面积÷房屋建筑总面积）÷缴纳期限。

根据上述公式，累计售出房屋建筑面积是计算应纳城镇土地使用税额的关键。在房屋建筑总面积确定的情况下，累计售出房屋建筑面积越大，应纳城镇土地使用税额就越小。与此同时，累计售出房屋建筑面积越大，应该缴纳的企业所得税额也应该越大。基于这一逻辑关系，"房地产全流程 AI 税收风险管理系统"提示，在 2019 年的第三和第四季度，A 公司很可能大量交付了开发产品，但并未如实计算完工开发产品应纳税所得额。

经过约谈，A 公司财务人员承认，由于项目工程成本最终结算未完成，不能准确结算会计成本，也未如数结转营业收入，不过在 2019 年度企业所得税汇算清缴中，已根据《房地产开发经营业务企业所得税处理办法》（国税发〔2009〕31 号，以下简称 31 号文件）的规定，将销售未完工开发产品取得的收入和预计毛利额，计入了当期企业所得税应纳税所得额。

A 公司 2019 年企业所得税年度纳税申报表附表显示：销售未完工产品的收入为 145 500 万元，毛利率为 15%，则销售未完工产品预计毛利额为 145 500×15%＝21 825（万元）。根据其他相关数据资料核算，计算无误。但是，A 公司忽略了 31 号文件第九条的另一规定：开发产品完工后，企业应及时结算其计税成本并计算此前销售收入的实际毛利额，同时将其实际毛利额与其对应的预计毛利额之间的差额，计入当年度企业本项目与其他项目合并计算的应纳税所得额。

根据 31 号文件第三条规定，开发产品已开始投入使用，应视为已经完工。

在进行 2019 年度所得税汇算清缴时，A 公司已经有大量开发产品交付投入使用，据此可判断其开发产品已经完工，因此就应按 31 号文件第九条规定，结算销售收入的实际毛利额与对应的预计毛利额之间的差额，计入完工年度的应纳税所得额。根据已结转的营业收入和营业成本判断，该项目开发产品实际毛利率估计为 30%。由此推论，假设 A 公司开发产品会计成本等于计税成本，2019 年度可能少计应纳税所得额 145 500×（30%－15%）＝21 825（万元），涉及企业所得税预计 21 825×25%＝5 456.25（万元）。

最终，A 公司财务人员对此逻辑分析结果认可，同意补充申报 2019 年度企业所得税年度纳税申报表并补缴企业所得税和滞纳金。

"金税四期"助力税务系统数字化管控的要求，未来数字就是风险，所以我们一定要针对行业特点，做好业务规划，降低经营风险。

8.1.5　税源地对税收成本的影响

不少地区在招商引资过程中，不是致力于改善投资软硬件条件，而是热衷于出台种种优惠政策，往往采取减免税费，低价转让土地，甚至无偿使用土地等吸引投资者，以期达到吸引外部资源发展当地经济的目的。

招商引资为地区经济发展带来了诸多益处：第一，招商引资促进了地区财政税收的增加，为地区基础设施建设提供了重要的资金支持。例如，流转税中的消费税、增值税等，所得税中的企业所得税，财产税中的土地增值税、房产税等，资源税中城市土地使用税等。第二，通过招商引资，学习先进技术和理念，应用到技术研发、经营管理和生产销售等多个方面，不断提高自身的发展能力，扩大经济规模，促进经济增长。与此同时，就业岗位得以增加，进而提高人均收入，从整体上提高了地区的经济水平，其对于吸引外部投资有着积极的影响。

招商引资是促进经济发展，增加税收收入的重要途径，但进入过度竞争后，产生一定的负面影响：

（1）招商引资企业存在着"两多两少"现象。一是开工得多，生产得少，有的企业热热闹闹地搞一个开工典礼，就没了下文。几年过去，工厂所在地还是一片空地。二是名义投资多，实际投资少，有的企业号称投资数千万、数亿元，但实际投资额很少，建成的企业规模小、技术含量低、缺乏竞争力。

（2）存在国家税收大量流失的情况。地方自留部分税收的返还，以及土地出让金减免或者补贴等各种形式的优惠政策，都是以减少财政支出为代价，最终是否能达到当地政府创收、创效的目的都是问题了。

（3）影响税收法制水平，增加税收管理难度和成本。依法治税的立足点和灵魂是"法治、公平、文明、效率"。地方政府许诺超出国家税法范围内的优惠政策，影响了税法的刚性和统一性。在税收的征管上也造成了管理难度。因为是政府招商来的，经常会因投资环境的评价服务而讨好企业，放松管理。就像硬币一样，有两面性。认识到两面性，加强企业自身税收意识，在提高投资环境服务的基础上也不放松对企业行政管理的要求，才是国家健康发展的刚需。

8.2 增值税

增值税是以商品（含应税劳务）在流转过程中产生的增值额作为计税依据而征收的一种流转税。实行价外税，也就是由消费者负担，有增值才征税，没增值不征税。增值税已经成为我国最主要的税种之一，增值税的收入占全部税收的 60％以上，是最大的税种。增值税由税务机关负责征收，税收收入中 50％为中央财政收入，50％为地方收入（根据 2019 年统计数据）。进口环节的增值税由海关负责征收，税收收入全部为中央财政收入。

8.2.1 税收身份的划分

由于增值税实行凭增值税专用发票抵扣税款的制度，因此对纳税人的会计核算水平要求较高，需要准确核算销项税额、进项税额和应纳税额。但实际情况是有众多的纳税人达不到这一要求，因此《中华人民共和国增值税暂行条例》将纳税人按其经营规模大小及会计核算是否健全划分为一般纳税人和小规模纳税人。

1. 一般纳税人

从事生产货物或者提供应税劳务的纳税人，以及以生产货物或者提供应税劳务为主（即纳税人的货物生产或者提供应税劳务的年销售额占应税销售额的比重在 50％以上），并兼营货物批发或者零售的纳税人，年应税销售额超过 50 万元的。

2. 小规模纳税人

从事货物生产或者提供应税劳务的纳税人，以及从事货物生产或者提供应税劳务为主（即纳税人的货物生产或者提供劳务的年销售额占年应税销售额的比重在 50％以上），并兼营货物批发或者零售的纳税人，年应征增值税销售额（简称应税销售额）在 500 万元以下（含本数）的。

8.2.2 税目税率

税目税率见表 8-7。

表 8-7　增值税税率表（2023 年）

税率	项目内容
13%	销售或者进口货物（另有列举的货物除外）
	销售劳务
	有形动产租赁服务（属于现代服务）
9%	粮食等农产品、食用植物油、食用盐
	饲料、化肥、农药、农机、农膜
	图书、报纸、杂志、音像制品、电子出版物
	自来水、暖气、冷气、热水、煤气、石油液化气、天然气、二甲醚、沼气、居民用煤炭制品
	国务院固定的其他货物
	不动产租赁服务（属于现代服务）
	交通运输服务（陆路、水路、航空运输服务和管道运输服务）
	销售不动产（建筑物、构建物等）
	建筑服务（工程服务、安装服务、修缮服务、装饰服务和其他建筑服务）
	转让土地使用权
	邮政服务（邮政普通服务、邮政特殊服务和其他邮政服务）
	基础电信服务
6%	销售无形资产（转让补充耕地指标、技术、商标、著作权、商誉、自然资源、其他权益性无形资产使用权或所有权）
	增值电信服务
	金融服务（贷款服务、直接收费金融服务、保险服务和金融商品转让）
	现代服务（研发和技术服务、信息技术服务、文化创意服务、物流辅助服务、鉴证咨询服务、广播影视服务、商务辅助服务、其他现代服务）
	生活服务
	文化体育服务、教育医疗服务、旅游娱乐服务、餐饮住宿服务、居民日常服务、其他生活服务
零税率	
0%	纳税人出口货物（国务院另有规定的除外）
	境内单位和个人跨境销售国务院规定范围内的服务、无形资产
	销售货物、劳务，提供的跨境应税行为，符合免税条件的，免税
	境内的单位和个人销售适用增值税零税率的服务或无形资产的，可以放弃适用增值税零税率，选择免税或按规定缴纳增值税。放弃适用增值税零税率后，36 个月内不得再申请适用增值税零税率

税率	项目内容
	一般纳税人购进农产品进项税额扣除率
9%	购进农产品原适用10%扣除的，扣除率调整为9%
10%	购进用于生产或者委托加工13%税率货物的农产品，按照10%扣除率计算进项税额
	小规模纳税人及允许适用简易计税方式计税的一般纳税人
3%	1. 小规模纳税人销售货物或者加工、修理修配劳务，销售应税服务、无形资产
	2. 销售自产的用微生物、微生物代谢产物、动物毒素、人或动物的血液或组织制成的生物制品
	3. 寄售商店代销寄售物品、典当业销售死当物品
	4. 销售自产的县级及县级以下小型水力发电单位生产的电力
	5. 销售自产的自来水
	6. 销售自产的建筑用和生产建筑材料所用的砂、土、石料
	7. 销售自产的以自己采掘的砂、土、石料或其他矿物连续生产的砖、瓦、石灰（不含黏土实心砖、瓦）
	8. 销售自产的商品混凝土（仅限于以水泥为原料生产的水泥混凝土）
	9. 单采血浆站销售非临床用人体血液
	10. 药品经营企业销售生物制品；兽用药品经营企业销售兽用生物制品
	11. 光伏发电项目发电户销售电力产品
	12. 公共交通运输服务。包括轮客渡、公交客运、地铁、城市轻轨、出租车、长途客运、班车
	13. 经认定的动漫企业为开发动漫产品提供的服务，以及在境内转让动漫版权
	14. 电影放映服务、仓储服务、装卸搬运服务、收派服务和文化体育服务
	15. 中国农业发展银行总行及其各分支机构提供涉农贷款取得的利息收入
	16. 农村信用社、村镇银行、农村资金互助社、由银行业机构全资发起设立的贷款公司、法人机构在县（县级市、区、旗）及县以下地区的农村合作银行和农村商业银行提供金融服务收入
	17. 提供非学历教育服务、提供教育辅助服务
	18. 非企业性单位中的一般纳税人提供的研发和技术服务、信息技术服务、鉴证咨询服务，以及销售技术、著作权等无形资产
	19. 非企业性单位中的一般纳税人提供技术转让、技术开发和与之相关的技术咨询、技术服务
	20. 提供物业管理服务的纳税人，向服务接受方收取的自来水水费，以扣除其对外支付的自来水水费后的余额为销售额，按照简易计税方法依3%的征收率计算缴纳增值税

続上表

税率	项目内容
小规模纳税人及允许适用简易计税方式计税的一般纳税人	
3%	21. 以清包工方式提供的、为甲供工程提供的、为建筑工程老项目提供的建筑服务
	22. 建筑工程总承包单位为房屋建筑的地基与基础、主体结构提供工程服务，建设单位自行采购全部或部分钢材、混凝土、砌体材料、预制构件的，适用简易计税方法计税
	23. 资管产品管理人运营资管产品过程中发生的增值税应税行为，暂适用简易计税方法，按照3%的征收率缴纳增值税
	24. 销售自产、外购机器设备的同时提供安装服务，已分别核算机器设备和安装服务的销售额，安装服务可以按照甲供工程选择适用简易计税方法计税
	25. 自2018年5月1日起，增值税一般纳税人生产销售和批发、零售抗癌药品，可选择按照简易办法依照3%征收率计算缴纳增值税
	26. 一般纳税人提供的城市电影放映服务，可以按现行政策规定，选择按照简易计税办法计算缴纳增值税
	27. 自2019年3月1日起，增值税一般纳税人生产销售和批发、零售罕见病药品，可选择按照简易办法依照3%征收率计算缴纳增值税。上述纳税人选择简易办法计算缴纳增值税后，36个月内不得变更
5%	1. 销售、出租2016年4月30日前取得的不动产
	2. 房地产开发企业出租、销售自行开发的房地产老项目
	3. 2016年4月30日前签订或取得的不动产融资租赁合同
	4. 转让2016年4月30日前取得的土地使用权
	5. 提供劳务派遣服务、安全保护服务（含提供武装守护押运服务）选择差额纳税的
	6. 收取试点前开工的一级公路、二级公路、桥、闸通行费
	7. 提供人力资源外包服务
3%征收率减按2%的应税行为	1. 销售自己使用过的固定资产，适用简易办法依照3%征收率减按2%征收增值税政策的，可以放弃减税，按照简易办法依照3%征收率缴纳增值税，并可以开具增值税专用发票
	2. 纳税人销售旧货
按照5%的征收率减按1.5%计算的应税行为	1. 住房租赁企业中的增值税一般纳税人向个人出租住房取得的口全部出租收入
	2. 住房租赁企业中的增值税小规模纳税人向个人出租住房

税率	项目内容
	免征增值税
除纳税人聘用的员工为本单位或者雇主提供的再生资源回收不征收增值税外，纳税人发生的再生资源回收并销售的业务，均应按照规定征免增值税	
	增值税即征即退
增值税一般纳税人销售自产的资源综合利用产品和提供资源综合利用劳务，可享受增值税即征即退政策	

8.2.3　免税项目

增值税有七个法定免税项目和二十一个特殊期间的免税项目。

1. 七个免税项目

（1）农业生产者销售的自产农产品；

（2）避孕药品和用具；

（3）古旧图书；

（4）直接用于科学研究、科学试验和教学的进口仪器、设备；

（5）外国政府、国际组织无偿援助的进口物资和设备；

（6）由残疾人组织直接进口供残疾人专用的物品；

（7）销售自己使用过的物品。

注：根据《中华人民共和国增值税暂行条例》第十五条规定。

2. 二十一个特殊期间免税项目

为切实减轻纳税人负担，近几年国家出台了诸多减免税优惠政策，其中包括以下 21 项：

（1）自 2023 年 1 月 1 日至 2023 年 12 月 31 日，增值税小规模纳税人发生增值税应税销售行为，合计月销售额未超过 10 万元（以 1 个季度为 1 个纳税期的季度销售额未超过 30 万元）的，免征增值税。

（2）自 2021 年 1 月 1 日起至 2023 年 12 月 31 日，对边销茶生产企业销售自产的边销茶及经销企业销售的边销茶免征增值税。

（3）海南自由贸易港免征增值税。

（4）对金融机构向小型企业、微型企业和个体工商户发放小额贷款取得的利息收入，免征增值税。优惠政策执行期限延长至 2023 年 12 月 31 日。

（5）动漫软件出口免征增值税。优惠政策执行期限延长至 2023 年 12 月 31 日。

（6）对公租房免征增值税。对经营公租房所取得的租金收入，免征增值税。

（7）对饮水工程运营管理单位向农村居民提供生活用水取得的自来水销售收入，免征增值税。优惠政策执行期限延长至 2023 年 12 月 31 日。

（8）继续对国产抗艾滋病病毒药品免征生产环节和流通环节增值税，优惠政策执行期限延长至 2023 年 12 月 31 日。

（9）自 2021 年 1 月 1 日至 2030 年 12 月 31 日，对卫生健康委员会委托进口的抗艾滋病病毒药物，免征进口关税和进口环节增值税。

（10）对企业集团内单位（含企业集团）之间的资金无偿借贷行为，免征增值税。优惠政策执行期限延长至 2023 年 12 月 31 日。

（11）对供热企业向居民个人供热取得的采暖费收入免征增值税。税收优惠政策执行期限延长至 2023 年供暖期结束。

（12）继续实施宣传文化免征增值税优惠政策：

● 自 2021 年 1 月 1 日起至 2023 年 12 月 31 日，免征图书批发、零售环节增值税；

● 自 2021 年 1 月 1 日起至 2023 年 12 月 31 日，对科普单位的门票收入，以及县级及以上党政部门和科协开展科普活动的门票收入免征增值税。

（13）对单位或者个体工商户将自产、委托加工或购买的货物通过公益性社会组织、县级及以上人民政府及其组成部门和直属机构，或直接无偿捐赠给目标脱贫地区的单位和个人，免征增值税。在政策执行期限内，目标脱贫地区实现脱贫的，可继续适用上述政策。执行期限延长至 2025 年 12 月 31 日。

（14）2021 年至 2023 年期间，对服装贸易交流会每个展商在展期内销售的进口展品，按附件规定的数量或金额上限，免征进口关税、进口环节增值税和消费税。

（15）对中国—东盟博览会、中国—东北亚博览会、中国—俄罗斯博览会、中国—阿拉伯国家博览会、中国—南亚博览会暨中国昆明进出口商品交易会、中国（青海）藏毯国际展览会、中国—亚欧博览会、中国—蒙古国博览会、中国—非洲经贸博览会，在展期内销售的免税额度内的进口展品免征进口关税和进口环节增值税、消费税。享受税收优惠的展品不包括国家禁止进口商品、濒危动植物及其产品、烟、酒、汽车及列入"进口不予免税的重大技术装备和产品目录"的商品。

（16）自 2021 年 1 月 1 日至 2025 年 12 月 31 日，对公众开放的科技馆、自然博物馆、天文馆（站、台）、气象台（站）、地震台（站），以及高校和科研机构所属对外开放的科普基地，进口以下商品免征进口关税和进口环节增值税：

● 为从境外购买自用科普影视作品播映权而进口的拷贝、工作带、硬盘，以及以其他形式进口自用的承载科普影视作品的拷贝、工作带、硬盘；

● 国内不能生产或性能不能满足需求的自用科普仪器设备、科普展品、科普专用软件等科普用品；

● 自 2021 年 1 月 1 日至 2025 年 12 月 31 日，对具备研究和培育繁殖条件的动植物科研院所、动物园、植物园、专业动植物保护单位、养殖场、种植园进口的用于科研、育种、繁殖的野生动植物种源，以及军队、公安、安全部门（含缉私警察）进口的军警用工作犬、工作犬精液及胚胎，免征进口环节增值税。

（17）"十四五"期间能源资源勘探开发利用进口免征增值税，优惠政策执行期限为 2021 年 1 月 1 日至 2025 年 12 月 31 日。

● 在经国家批准的陆上石油（天然气）中标区块（对外谈判的合作区块视为中标区块）内进行石油（天然气）勘探开发作业的中外合作项目，进口国内不能生产或性能不能满足需求的，并直接用于勘探开发作业的设备（包括按照合同随设备进口的技术资料）、仪器、零附件、专用工具，免征进口关税和进口环节增值税；

● 对在我国境内进行煤层气勘探开发作业的项目，进口国内不能生产或性能不能满足需求的，并直接用于勘探开发作业的设备（包括按照合同随设备进口的技术资料）、仪器、零附件、专用工具，免征进口关税和进口环节增值税。

（18）"十四五"期间支持科技创新免征增值税，优惠政策执行期限为 2021 年 1 月 1 日至 2025 年 12 月 31 日。

● 对科学研究机构、技术开发机构、学校、党校（行政学院）、图书馆进口国内不能生产或性能不能满足需求的科学研究、科技开发和教学用品，免征进口关税和进口环节增值税、消费税；

● 对出版物进口单位为科研院所、学校、党校（行政学院）、图书馆进口用于科研、教学的图书、资料等，免征进口环节增值税。

（19）自 2021 年 1 月 1 日至 2025 年 12 月 31 日，对符合《进口种子种源免征增值税商品清单》的进口种子种源免征进口环节增值税。

（20）自 2021 年 11 月 7 日至 2025 年 12 月 31 日，境外机构投资境内债券市场取得的债券利息收入暂免征收增值税。

8.2.4 特殊业务增值税税率的规定

（1）一般纳税人销售自己使用过的属于《中华人民共和国增值税暂行条例》第十条规定不得抵扣且未抵扣进项税额的固定资产，按照简易办法依照 3% 征收率减按 2% 征收增值税。

（2）小规模纳税人销售自己使用过的固定资产，减按 2% 征收率征收增值税。

（3）一般纳税人销售自产的下列货物，可选择按照简易办法依照 3% 征收率计算缴纳增值税：

● 县级及县级以下小型水力发电单位生产的电力。小型水力发电单位，是指各类投资主体建设的装机容量为 5 万千瓦以下（含 5 万千瓦）的小型水力发电单位；

● 建筑用和生产建筑材料所用的砂、土、石料；

● 以自己采掘的砂、土、石料或其他矿物连续生产的砖、瓦、石灰（不含黏土实心砖、瓦）；

● 用微生物、微生物代谢产物、动物毒素、人或动物的血液或组织制成的生物制品；

● 自来水；

● 商品混凝土（仅限于以水泥为原料生产的水泥混凝土）。

一般纳税人选择简易办法计算缴纳增值税后，36 个月内不得变更。

（4）一般纳税人销售以下物品，暂按简易办法依照 3% 征收率计算缴纳增值税：

● 寄售商店代销寄售物品（包括居民个人寄售的物品在内）；

● 典当业销售死当物品；

● 经国务院或国务院授权机关批准的免税商店零售的免税品。

8.3 企业所得税

在中华人民共和国境内，企业和其他取得收入的组织（以下统称企业）为企业所得税的纳税人。个人独资企业、合伙企业不属于企业所得税纳税义务人。

8.3.1 税收身份的划分

企业所得税采取收入来源地管辖权和居民管辖权相结合的双管辖权，把企业分为居民企业和非居民企业，分别确定不同纳税义务。

（1）居民企业，是指依法在中国境内成立，或者依照外国（地区）法律成立但实际管理机构在中国境内的企业。

（2）非居民企业，是指依照外国（地区）法律成立且实际管理机构不在中国境内，但在中国境内设立机构、场所的，或者在中国境内未设立机构、场所，但有来源于中国境内所得的企业。

8.3.2 税目税率

1. 收入

企业以货币形式和非货币形式从各种来源取得的收入，为收入总额，包括：

（1）销售货物收入；

（2）提供劳务收入；

（3）转让财产收入；

（4）股息、红利等权益性投资收益；

（5）利息收入；

（6）租金收入；

（7）特许权使用费收入；

（8）接受捐赠收入；

（9）其他收入。

2. 税率

企业所得税的税率为 25% 的比例税率；非居民企业为 20%；符合条件的小型微利企业，减按 20% 的税率征收企业所得税。

3. 计税公式

（1）应纳税所得额＝收入总额－准予扣除项目金额

（2）企业应纳所得税额＝当期应纳税所得额×适用税率

8.3.3 特殊行业税收优惠

为鼓励和扶持企业或某些特殊行业的发展而采取的一项灵活调节措施。企业所得税条例原则规定了两项减免税优惠：一是民族区域自治地方的企业需要照顾和鼓励的，经省级人民政府批准，可以实行定期减税或免税；二是法律、行政法规和国务院有关规定给予减税免税的企业，依照规定执行。包括：

（1）经国务院批准的高新技术产业开发区内的高新技术企业，减按 15% 的税率征收所得税；新办的高新技术企业自投产年度起，免征所得税 2 年。

（2）对农村的为农业生产的产前、产中、产后服务的行业，即乡村的农技推广站、植保站、水管站、林业站、畜牧兽医站、水产站，生机站、气象站，以及农民专业技术协会、专业合作社，对其提供的技术服务或劳务所取得的收入，以及城镇其他各类事业单位开展的技术服务或劳务所取得的收入暂免征收所得税。

（3）软件生产企业实行增值税即征即退政策所退还的税款，由企业用于研究开发软件产品和扩大再生产，不作为企业所得税应税收入，不予征收企业所得税。中国境内新办软件生产企业经认定后，自获利年度起，第一年和第二年免征企业所得税，第三年至第五年减半征收企业所得税。

（4）对科研单位和大专院校服务于各业的技术成果转让、技术培训、技术咨询、技术服务、技术承包所取得的技术性服务收入暂免征收所得税。

（5）从事农、林、牧、渔业项目的所得。

（6）从事国家重点扶持的公共基础设施项目投资经营的所得。

（7）从事符合条件的环境保护、节能节水项目的所得。

（8）企业事业单位进行技术转让，以及在技术转让过程中发生的与技术转让有关的技术咨询、技术服务、技术培训的所得，年净收入在 30 万元以下的，暂免征收所得税。

（9）高等学校和中小学校办工厂、农场，自身从事生产经营的所得，暂免征收所得税。

（10）对民政部门举办的福利工厂和街道的非中途转办的社会福利生产单位，凡安置"四残"人员占生产人员总数35％以上的，暂免征收所得税；凡安置"四残"人员占生产人员总数的比例超过10％未达到35％的，减半征收所得税。

（11）投资额超过80亿元人民币或集成电路线宽小于0.25微米的集成电路生产企业，可以减按15％的税率缴纳企业所得税，其中，经营期在15年以上的，从开始获利的年度起，第一年至第五年免征企业所得税，第六年至第十年减半征收企业所得税。

（12）对生产线宽小于0.8微米（含）集成电路产品的生产企业，经认定后，自获利年度起，第一年和第二年免征企业所得税，第三年至第五年减半征收企业所得税。

（13）国家需要重点扶持的高新技术企业，减按15％的税率征收企业所得税。

（14）经营性文化事业单位转制为企业的免征企业所得税。

（15）技术先进型服务企业减按15％的税率征收企业所得税。

（16）服务贸易创新发展试点地区符合条件的技术先进型服务企业减按15％的税率征收企业所得税。

（17）设在西部地区的鼓励类产业企业减按15％的税率征收企业所得税。

（18）新疆困难地区新办企业定期减免企业所得税。

（19）新疆喀什、霍尔果斯特殊经济开发区新办企业定期免征企业所得税。

（20）广东横琴、福建平潭、深圳前海等地区的鼓励类产业企业减按15％税率征收企业所得税。

8.3.4　汇算清缴

汇算清缴是指纳税人在纳税年度终了后规定时期内，依照税收法律、法规、规章及其他有关企业所得税的规定，自行计算全年应纳税所得额和应纳所得税额，根据月度或季度预缴的所得税数额，确定该年度应补或者应退税额，并填写年度企业所得税纳税申报表，向主管税务机关办理年度企业所得税纳税申报、提供税务机关要求提供的有关资料、结清全年企业所得税税款的行为，适用于《企业所得税法》《中华人民共和国税收征收管理法》等法律的规定。

汇算清缴程序。

（1）填写纳税申报表并附送相关材料：

● 财务、会计年度决算报表及其说明材料，包括资产负债表、利润表、现金流量表等有关财务资料；

● 外出经营活动税收管理证明和异地完税凭证；

● 境内或者境外公证机构出具的有关证明文件；

● 纳税人发生的应由税务机关审批或备案事项的相关资料（如财产损失税前扣除，研发费用加计扣除等）；

● 主管税务机关要求报送的其他有关证件、资料。

（2）税务机关受理申请，并审核所报送材料。

（3）主动纠正申报错误。

纳税人于年度终了后四个月内办理了年度纳税申报后，如果发现申报出现了错误：纳税人办理年度所得税申报后，在汇缴期内税务机关检查之前自行检查发现申报不实的，可以填报企业所得税年度纳税申报表向税务机关主动申报纠正错误，税务机关据此调整其全年应纳所得税额及应补、应退税额。

（4）结算税款。

纳税人根据主管税务机关确定的全年应纳所得税额及应补、应退税额，年度终了后 4 个月内清缴税款。

（5）办理延期缴纳税款申请。

注：根据《中华人民共和国税收征收管理法》及其实施细则的相关规定，纳税人因有特殊困难可以延期缴纳税款，但最长不得超过 3 个月。

8.4 个人所得税

税收是国家财政收入的主要来源，没有税收，国家将无法正常运作。有国才有家，交个人所得税是用来调节个人收入差距的，目的是防止收入差距过大，我国现阶段开征个人所得税的主要目的仍然是调节收入，特别是调节高收入。

8.4.1 税目税率

1. 征税范围（税目）

征税范围（税目）如下：

（1）工资、薪金所得；

（2）劳务报酬所得；

（3）稿酬所得；

（4）特许权使用费所得；

（5）经营所得；

（6）利息、股息、红利所得；

（7）财产租赁所得；

（8）财产转让所得；

（9）偶然所得。

2. 税率

（1）个人所得税率表，适用百分之三至百分之四十五的超额累进税率，税率表见表8-8。

表 8-8　综合所得个人所得税税率表

工资、薪金所得适用			
级数	全年应纳税所得额	税率（%）	说明
1	不超过 36 000 元的	3	本表所称全年应纳税所得额是指依照本法第六条的规定，居民个人取得综合所得以每一纳税年度收入额减除费用6 万元以及专项扣除、专项附加扣除和依法确定的其他扣除后的余额
2	超过 36 000 元至 144 000 元的部分	10	
3	超过 144 000 元至 300 000 元的部分	20	
4	超过 300 000 元至 420 000 元的部分	25	
5	超过 420 000 元至 660 000 元的部分	30	
6	超过 660 000 元至 960 000 元的部分	35	
7	超过 960 000 元的部分	45	

注：①依据《中华人民共和国个人所得税法》的规定，个人所得税中的个人综合所得包括个人工资、薪金所得；劳务报酬所得；稿酬所得和特许权使用费所得。

②应纳税所得额＝综合所得－专项扣除额（60 000 元/年）－附加扣除额－"五险一金"

③劳务报酬所得、稿酬所得、特许权使用费所得以收入乘以（1－20％）的费用后的余额为收入额。

④稿酬所得的收入额减按70％计算。

（2）经营所得，适用百分之五至百分之三十五的超额累进税率，见表8-9。

表 8-9　个人经营所得税率表

个体工商户的生产、经营所得和对企事业单位的承包经营、承租经营所得适用			
级数	含税级距	税率（％）	说明
1	不超过 30 000 元的	5	
2	超过 30 000 元至 90 000 元的部分	10	
3	超过 90 000 元至 300 000 元的部分	20	—
4	超过 300 000 元至 500 000 元的部分	30	
5	超过 500 000 元的部分	35	

（3）利息、股息、红利所得，财产租赁所得，财产转让所得和偶然所得，适用比例税率，税率为20％。

● 财税租赁所得，收入<4 000元，应纳税额＝（收入－800）×20％；收入≥4 000元，应纳税额＝收入×80％×20％。

● 财产转让所得，以转让财产的收入额减除财产原值和合理费用后的余额，为应纳税所得额。

8.4.2　减免政策

下列各项个人所得，免征个人所得税：

（1）省级人民政府、国务院部委和中国人民解放军军以上单位，以及外国组织、国际组织颁发的科学、教育、技术、文化、卫生、体育、环境保护等方面的奖金；

（2）国债和国家发行的金融债券利息；

（3）按照国家统一规定发给的补贴、津贴；

（4）福利费、抚恤金、救济金；

（5）保险赔款；

（6）军人的转业费、复员费、退役金；

（7）按照国家统一规定发给干部、职工的安家费、退职费、基本养老金或者退休费、离休费、离休生活补助费；

（8）依照有关法律规定应予免税的各国驻华使馆、领事馆的外交代表、领事官员和其他人员的所得；

（9）中国政府参加的国际公约、签订的协议中规定免税的所得；

（10）国务院规定的其他免税所得。

8.4.3 汇算清缴

1. 年度汇算清缴

年度汇算清缴是指年度终了后，纳税人汇总工资薪金、劳务报酬、稿酬、特许权使用费等四项综合所得的全年收入额，减去全年的费用和扣除额，得出应纳税所得额并按照综合所得年度税率表，计算全年应纳个人所得税，再减去年度内已经预缴的税款，向税务机关办理年度纳税申报并结清应退或应补税款的过程。

2. "两个基本条件"

（1）只有居民个人，才需要办理年度汇算。即在中国境内有住所，或者无住所而在一个纳税年度内在中国境内居住累计满 183 天的个人为居民个人。

（2）只有取得综合所得，才需要办理年度汇算。即上一年度取得了"工资薪金、劳务报酬、稿酬、特许权使用费"四项所得的才需要申报。

3. 申报方式

（1）个人自主申报，下载手机个人所得税 App，注册后登录申报。

（2）由雇用单位或者代扣代缴单位填写申报。

（3）到税务局大厅填表申报。

4. 专项附加扣除

专项附加扣除额见表 8-10。

表 8-10　专项附加扣除

子女教育	每个子女每月 1 000 元，3 周岁至博士期间
继续教育	学历教育：400 元/月，但不超过 48 个月（包含本数）；
	职业资格教育：取得证书当年扣 3 600 元
大病医疗	扣除医保报销后个人负担后（指医保目录范围内的自付部分）累计超过 1.5 万元的部分，在 8 万元限额内据实扣除，可通过医疗保障部门的信息系统进行查询

住房贷款利息	1 000 元/月，小于等于 240 个月	
住房租金	直辖市、省会城市等：1 500 元/月	
	市辖区人口＞100 万人：1 100 元/月	
	市辖区人口≤100 万人：800 元/月	
赡养老人	独生子女：2 000 元/月	
	非独生子女按每月 2 000 元的扣除额度分摊，每人不超过 1 000 元/月	

注：自 2022 年 1 月 1 日起，纳税人照护 3 岁以下婴幼儿子女的相关支出，在计算缴纳个人所得税前，按照每个婴幼儿每月 1 000 元的标准定额扣除。

5. 计算公式

应纳税所得额＝综合收入－60 000－"五险一金"－专项附加扣除额，应纳税额＝应纳税所得额×对应的税率

8.5 消费税

消费税是以特定消费品为课税对象所征收的一种税，属于流转税的范畴。在对货物普遍征收增值税的基础上，选择部分消费品再征收一道消费税，目的是调节产品结构，引导消费方向，保证国家财政收入。

8.5.1 税收身份的划分

法定身份，我国个人所得税的纳税义务人是在中国境内居住有所得的人，以及不在中国境内居住而从中国境内取得所得的个人。

（1）居民纳税人指在中国境内有住所，或者无住所而在境内累计居住满183 天的个人，是居民纳税义务人，应当承担无限纳税义务，即就其在中国境内和境外取得的所得，依法缴纳个人所得税。

（2）非居民纳税人在中国境内无住所又不居住，或者无住所而在境内居住累计不满 183 天的个人，是非居民纳税义务人，承担有限纳税义务，仅就其从中国境内取得的所得，依法缴纳个人所得税。

8.5.2 税目税率

消费税的征收范围包括了五种类型的产品。

第一类：一些过度消费会对人类健康、社会秩序、生态环境等方面造成危害的特殊消费品，如烟、酒、鞭炮、焰火等；

第二类：奢侈品、非生活必需品，如贵重首饰、化妆品等；

第三类：高能耗及高档消费品，如小轿车、摩托车等；

第四类：不可再生和替代的石油类消费品，如汽油、柴油等；

第五类：具有一定财政意义的产品，如护肤护发品等。

消费税共设置了15个税目，在其中的3个税目下又设置了14个子目，列举了25个征税项目。实行比例税率的有21个，实行定额税率的有4个。共有14个档次的税率，最低1%，最高56%。2008年9月1日起排气量在1.0升（含1.0升）以下的乘用车，税率由3%下调至1%。经国务院批准，财政部、国家税务总局对烟产品消费税政策做了重大调整，甲类香烟的消费税从价税率由原来的45%调整至56%。另外，卷烟批发环节还加征了一道从价税，税率为5%，具体见表8-11。

表 8-11 消费税税目税率表

税　　目	税　　率
一、烟	
1. 卷烟	
（1）甲类卷烟［调拨价70元/条（不含增值税）以上（含70元）］	56%＋0.003元/支
（2）乙类卷烟［调拨价70元/条（不含增值税）以下］	36%＋0.003元/支
（3）商业批发	11%＋0.005元/支
2. 雪茄烟	36%
3. 烟丝	30%
二、酒及酒精	
1. 白酒	20%＋0.5元/500克（或者500毫升）
2. 黄酒	240元/吨
3. 啤酒	
（1）甲类啤酒	250元/吨
（2）乙类啤酒	220元/吨
4. 其他酒	10%

税　目	税　率
三、高档化妆品	15%
四、贵重首饰及珠宝玉石	
1. 金银首饰、铂金首饰和钻石及钻石饰品	5%
2. 其他贵重首饰和珠宝玉石	10%
五、鞭炮、焰火	15%
六、成品油	
1. 汽油	
（1）含铅汽油	1.52元/升
（2）无铅汽油	1.52元/升
2. 柴油	1.20元/升
3. 航空煤油	1.20元/升
4. 石脑油	1.52元/升
5. 溶剂油	1.52元/升
6. 润滑油	1.52元/升
7. 燃料油	1.20元/升
七、摩托车	
1. 气缸容量（排气量，下同）在250毫升（含250毫升）以下的	3%
2. 气缸容量在250毫升以上的	10%
八、小汽车	
1. 乘用车	
（1）气缸容量（排气量，下同）在1.0升（含1.0升）以下的	1%
（2）气缸容量在1.0升以上至1.5升（含1.5升）的	3%
（3）气缸容量在1.5升以上至2.0升（含2.0升）的	5%
（4）气缸容量在2.0升以上至2.5升（含2.5升）的	9%
（5）气缸容量在2.5升以上至3.0升（含3.0升）的	12%
（6）气缸容量在3.0升以上至4.0升（含4.0升）的	25%
（7）气缸容量在4.0升以上的	40%
2. 中轻型商用客车	5%
3. 超豪华小汽车	按子税目1和子税目2的规定征收，零售环节10%
九、高尔夫球及球具	10%
十、高档手表	20%

税　目	税　率
十一、游艇	10%
十二、木制一次性筷子	5%
十三、实木地板	5%
十四、铅蓄电池	4%
十五、涂料	4%

8.5.3　减免政策

消费税减免项目集中在以下几方面。

（1）节能环保电池免税。对无汞原电池、金属氢化物镍蓄电池（又称"氢镍蓄电池"或"镍氢蓄电池"）、锂原电池、锂离子蓄电池、太阳能电池、燃料电池和全钒液流电池免征消费税。

> 参见《财政部　国家税务总局关于对电池、涂料征收消费税的通知》（财税〔2015〕16 号）。

（2）节能环保涂料免税。对施工状态下挥发性有机物含量低于 420 克/升（含）的涂料免征消费税。

> 参见《财政部　国家税务总局关于对电池、涂料征收消费税的通知》（财税〔2015〕16 号）。

（3）废动植物油生产纯生物柴油免税。经国务院批准，对利用废弃的动物油和植物油为原料生产的纯生物柴油免征消费税。

（4）成品油生产企业生产自用油免征消费税。

（5）油（气）田企业生产自用成品油先征后返消费税。

（6）横琴、平潭区内企业销售货物免征消费税。

（7）用已税汽油生产的乙醇汽油免税。对用外购或委托加工收回的已税汽油生产的乙醇汽油免税。用自产汽油生产的乙醇汽油，按照生产乙醇汽油所耗用的汽油数量申报纳税。

> 参见《财政部　国家税务总局关于调整和完善成品油消费税政策的通知》（财税〔2008〕168 号）。

（8）航空煤油暂缓征收消费税。从 2006 年 4 月 1 日起，航空煤油暂缓征收消费税。

> 参见《财政部 国家税务总局关于调整和完善消费税政策的通知》（财税〔2006〕33 号）、《财政部 国家税务总局关于调整和完善成品油消费税税率政策的通知》（财税〔2008〕167 号）。

（9）自产石脑油、燃料油生产乙烯、芳烃产品免税。

> 参见《财政部 中国人民银行 国家税务总局关于延续执行部分石脑油燃料油消费税政策的通知》（财税〔2011〕87 号）。

8.6 | 土地增值税

土地增值税是对在我国境内转让国有土地使用权、地上建筑物及其附着物的单位和个人，以其转让房地产所取得的增值额为课税对象而征收的一种税。

8.6.1 税目税率

1. 税目

转让国有土地使用权、地上的建筑物及其附着物（以下简称转让房地产）并取得收入的单位和个人，为土地增值税的纳税义务人（以下简称纳税人），应当依照本条例缴纳土地增值税。

2. 税率

土地增值税采用四级超率累进税率，其中，最低税率为 30%，最高税率为 60%，税收负担高于企业所得税。实行这样的税率结构和负担水平：一方面，可以对正常的房地产开发经营，通过较低税率体现优惠政策；另一方面，对取得过高收入，尤其是对获取暴利的单位和个人，能发挥一定的调节作用，见表 8-12。

表 8-12　土地增值税税率表

档次	级距	税率	速算扣除系数	税额计算公式	说　　明
1	增值额未超过扣除项目金额 50%的部分	30%	0	增值额×30%	扣除项目指取得土地使用权所支付的金额；开发土地的成本、费用；新建房及配套设施的成本、费用或旧房及建筑物的评估价格；与转让房地产有关的税金；财政部规定的其他扣除项目
2	增值额超过扣除项目金额 50%，未超过 100%的部分	40%	5%	增值额×40%－扣除项目金额×5%	
3	增值额超过扣除项目金额 100%，未超过 200%的部分	50%	15%	增值额×50%－扣除项目金额×15%	
4	增值额超过扣除项目金额 200%的部分	60%	35%	增值额×60%－扣除项目金额×35%	

8.6.2　成本归集

土地增值税的计税依据是转让房地产所取得的增值额。转让房地产的增值额，是转让房地产的收入减除税法规定的扣除项目金额后的余额。收入一般都是比较硬性的，所以此税的关键是做好扣除项目的计算。

扣除项目包括以下五种：

（1）取得土地使用权所支付的金额；

（2）房地产开发成本；

（3）房地产开发费用；

（4）与转让房地产有关的税金；

（5）房地产企业加计扣除（20%）。

以上五项又以"开发成本"的归集为核心。开发成本一般设置以下明细科目：土地征用及拆迁补偿费、基础设施费、建筑安装工程费、公共配套设施费及开发间接费用这几个明细核算，与商品房开发有关的所有费用支出。每一个单项的核算与工程上的造价预结算要匹配，见表 8-13。

表 8-13　开发成本的归集

房地产特有项目	一级科目	二级科目	科目核算内容
房地产特有项目	开发成本	土地征用及拆迁补偿费	指为取得土地开发使用权而发生的各项费用，包括土地买价或出让金、契税、耕地占用税相关税费及拆迁补偿费等

	一级科目	二级科目	科目核算内容
房地产特有项目	开发成本	基础设施费	是指开发项目在开发过程中发生的道路、供水、供电、供气、供暖、排污、排洪、消防、通信、照明、有线电视、宽带网络、智能化等社区管网工程费和环境卫生、园林绿化等园林、景观环境工程费用等
		建筑安装工程费	是指开发项目开发过程中发生的各项主体建筑的建筑工程费、安装工程费及精装修费等
		公共配套设施费	是指开发项目内发生的、独立的、非营利性的且产权属于全体业主或无偿赠与地方政府、政府公共事业单位的公共配套设施费用等，如幼儿园、医院
		开发间接费用	指企业为直接组织和管理开发项目所发生的，且不能将其直接归属于成本核算对象的工程监理费、造价审核费、结算审核费、工程保险费等
	开发产品		开发产品是指企业已经完成全部开发建设过程，并已验收合格，符合国家建设标准和设计要求，可以按照合同规定的条件移交订购单位，或者作为对外销售、出租的产品
	开发间接费		一般按项目核算成本的房地产，开发间接费直接作为"开发成本"的一级科目。如果设置为一级科目，表明核算内容为多项目开发而发生的费用

8.6.3 清算前的测算

对于房地产开发企业来说，做好总体税负的测算。站在稽查评估的角度，做好房地产财税领域主要税种的涉税争议的处理与稽查应对就显得格外重要，下面我们就把税负测算表分享给大家，见表8-14。

表8-14 土地增值税税负测算表

序号	科目名称	项目明细	项目整体测算	普通住宅部分	除普通住宅以外部分测算				
					非普通住宅	商铺部分	车位部分	车库部分	除普通住宅以外部分测算小计
1	住宅部分	销售面积							
		销售单价							
		销售总价							

序号	科目名称	项目明细	项目整体测算	普通住宅部分	除普通住宅以外部分测算				
					非普通住宅	商铺部分	车位部分	车库部分	除普通住宅以外部分测算小计
2	非普通住宅	销售面积							
		销售单价							
		销售总价							
3	商铺部分	销售面积							
		销售单价							
		销售总价							
4	车位部分	销售面积							
		销售单价							
		销售总价							
5	车库部分	销售面积							
		销售单价							
		销售总价							
6	项目整体销售	销售总面积							
		平均销售单价							
		销售总金额							
7	取得土地使用权所支付的金额	协议、招标、拍卖方式取得土地							
		行政规划方式取得的土地							
		转让方式取得土地							
8	房地产开发成本	土地征用拆迁补偿费							
		前期工程费							
		建筑安装工程费							

序号	科目名称	项目明细	项目整体测算	普通住宅部分	除普通住宅以外部分测算				
					非普通住宅	商铺部分	车位部分	车库部分	除普通住宅以外部分测算小计
8	房地产开发成本	基础设施费							
		公共配套设施费							
		开发间接费用							
		房地产开发成本							
9	房地产开发费用	其他房地产开发费用	5%或10%						
		财务费用	无金融机构贷款证明						
10	与房地产转让有关的税金	城建税	5%						
		教育费附加	3%						
		地方教育附加	2%						
		与房地产转让有关的税金							
11	土地增值税部分	总开发成本							
		加计扣除	20%						
		土地增值税标准下项目总金额							
		增值额							
		土地增值率							
		土地增值税率	扣除额						
		30%	0						
		40%	5%						
		50%	15%						

序号	科目名称	项目明细	项目整体测算	普通住宅部分	除普通住宅以外部分测算				
					非普通住宅	商铺部分	车位部分	车库部分	除普通住宅以外部分测算小计
11	土地增值税部分	60%	35%						
	正常清算应缴纳土地增值税额								

在土地增值税测算时，我们一定注意几下四个方面：

（1）审核项目立项批复，确定土地增值税清算对象。

政策依据：《国家税务总局关于房地产开发企业土地增值税清算管理有关问题的通知》（国税发〔2006〕187号）第一条，土地增值税以国家有关部门审批的房地产开发项目为单位进行清算，对于分期开发的项目，以分期项目为单位清算。

由于土地增值税是地方税，各省、自治区与直辖市根据自身房地产开发行业的特点，发布了适用于本地开发项目的清算政策。

（2）审核"五证"，确保项目的清算范围真实完整。

将土地出让合同、土地使用证、建设用地规划许可证的占地面积进行核对，若出现面积不一致的情况，需确定清算项目的实际占地面积。

将建设工程规划许可证、开工证、竣工备案表、实测报告（办理产权登记版）的总建筑面积进行核对，若出现异常差异（超过），重点审查各个证件对应的面积是否完整或者重复，确定清算项目的实际总建筑面积。

（3）审核测绘报告，确定项目的总建筑面积、可售面积及不可售面积。实务中，对于其他公共配套设施，需提供移交相关部门的证明，否则作为可售面积处理。因此，公共配套设施及人防的移交手续为土地增值税清算的制约性条件，直接决定税负的高低。

（4）无法分别核算增值额的项目，按可售建筑面积平均分配计税成本。根据相关法规中普通标准住宅的判断标准，将可售面积划分为普标可售面积及其他商品房可售面积。

政策依据：《财政部 国家税务总局关于土地增值税一些具体问题规定的

通知》（财税字〔1995〕第 48 号）第十三规定，对纳税人既建普宅又搞其他房地产开发的，应分别核算增值额。不分别核算增值额或不能准确核算增值额的，其建造的普宅不能适用增值率低于 20％的免税规定。

8.6.4　清算业务

土地增值税清算是指纳税人在符合土地增值税清算条件后，依照税收法律、法规及土地增值税有关政策规定，计算房地产开发项目应缴纳的土地增值税税额，结清该房地产项目应缴纳土地增值税税款的行为。

1. 清算条件

（1）纳税人符合下列条件之一的，应进行土地增值税的清算：

● 房地产开发项目全部竣工、完成销售的；

● 整体转让未竣工决算房地产开发项目的；

● 直接转让土地使用权的。

（2）对符合以下条件之一的，主管税务机关可要求纳税人进行土地增值税清算：

● 已竣工验收的房地产开发项目，已转让的房地产建筑面积占整个项目可售建筑面积的比例在 85％以上，或该比例虽未超过 85％，但剩余的可售建筑面积已经出租或自用的；

● 取得销售（预售）许可证满三年仍未销售完毕的；

● 纳税人申请注销税务登记但未办理土地增值税清算手续的；

● 省（自治区、直辖市、计划单列市）税务机关规定的其他情况。

对前款所列"纳税人申请注销税务登记但未办理土地增值税清算手续的"情形，应在办理注销登记前进行土地增值税清算。

2. 清算资料

纳税人清算土地增值税时应提供的清算资料。

（1）土地增值税清算表及其附表。

（2）房地产开发项目清算说明，主要内容应包括房地产开发项目立项、用地、开发、销售、关联方交易、融资、税款缴纳等基本情况及主管税务机关需要了解的其他情况。

（3）项目竣工决算报表、取得土地使用权所支付的地价款凭证、国有土地使用权出让合同、银行贷款利息结算通知单、项目工程合同结算单、商品房购销合同统计表、销售明细表、预售许可证等与转让房地产的收入、成本和费用有关的证明资料。主管税务机关需要相应项目记账凭证的，纳税人还应提供记账凭证复印件。

（4）纳税人委托税务中介机构审核鉴证的清算项目，还应报送中介机构出具的《土地增值税清算税款鉴证报告》。

8.7 | 房产税

房产税是以房屋为征税对象，按房屋的计税余值或租金收入为计税依据，向产权所有人征收的一种财产税。

房地产税具有高度地方性，与地方居民利益密切相关。我国各地区经济发展水平、土地资源状况，以及房地产市场发展水平有一定差距，不同地区的居民对公共服务的需求量与税收的接受程度也不尽相同。

8.7.1 税收身份的划分

房产税"课税范围"，具体指开征房产税的地区。《中华人民共和国房产税暂行条例》规定，房产税在城市、县城、建制镇和工矿区征收。城市、县城、建制镇、工矿区的具体征税范围，由各省、自治区、直辖市人民政府确定。

8.7.2 征收方式

房产税征收标准有从价或从租两种情况：

（1）从价计征的，其计税依据为房产原值一次减去 10%～30% 后的余值；

（2）从租计征的（即房产出租的），以房产租金收入为计税依据。从价计征 10%～30% 的具体减除幅度由省、自治区、直辖市人民政府确定。如浙江省规定具体减除幅度为 30%。

8.7.3 税目税率

房产税税率采用比例税率。按照房产余值计征的，年税率为 1.2%；按房产租金收入计征的，年税率为12%。

房产税应纳税额的计算分为以下两种情况，其计算公式为：

（1）以房产原值为计税依据的：

$$应纳税额＝房产原值×（1-10\%或30\%）×税率（1.2\%）$$

（2）以房产租金收入为计税依据的：

$$应纳税额＝房产租金收入×税率（12\%）$$

8.7.4 税收优惠

房产税相关税收优惠如下。

（1）国家机关、人民团体、军队自用的房产免征房产税，但上述免税单位的出租房产不属于免税范围。

（2）由国家财政部门拨付事业经费的单位自用的房产免征房产税，但如学校的工厂、商店、招待所等应照章纳税。

（3）宗教寺庙、公园、名胜古迹自用的房产免征房产税，但经营用的房产不免。

（4）个人所有非营业用的房产免征房产税，但个人拥有的营业用房或出租的房产，应照章纳税。

（5）对行使国家行政管理职能的中国人民银行总行所属分支机构自用的房地产，免征房产税。

（6）从2001年1月1日起，对个人按市场价格出租的居民住房，用于居住的，可暂减按4%的税率征收房产税。

（7）经财政部批准免税的其他房产。

（8）老年服务机构自用的房产免税。

（9）损坏不堪使用的房屋和危险房屋，经有关部门鉴定，在停止使用后，可免征房产税。

（10）纳税人因房屋大修导致连续停用半年以上的，在房屋大修期间免征房产税，免征税额由纳税人在申报缴纳房产税时自行计算扣除，并在申报表附表或备注栏中做相应说明。

（11）为基建工地服务的各种工棚、材料棚、休息棚和办公室、食堂、茶炉房、汽车房等临时性房屋，在施工期间，一律免征房产税。但工程结束后，施工企业将这种临时性房屋交还或估价转让给基建单位的，应从基建单位接收的次月起，照章纳税。

（12）为鼓励地下人防设施，暂不征收房产税。

（13）从 1988 年 1 月 1 日起，对房管部门经租的居民住房，在房租调整改革之前收取租金偏低的，可暂缓征收房产税。对房管部门经租的其他非营业用房，是否给予照顾，由各省、自治区、直辖市根据当地具体情况按税收管理体制的规定办理。

（14）对高校后勤实体免征房产税。

（15）对非营利性的医疗机构、疾病控制机构和妇幼保健机构等卫生机构自用的房产，免征房产税。

（16）从 2001 年 1 月 1 日起，对按照政府规定价格出租的公有住房和廉租住房，包括企业和自收自支的事业单位向职工出租的单位自有住房，房管部门向居民出租的私有住房等，暂免征收房产税。

（17）对邮政部门坐落在城市、县城、建制镇、工矿区范围内的房产，应当依法征收房产税；对坐落在城市、县城、建制镇、工矿区范围以外的上在县邮政局内核算的房产，在单位财务账中划分清楚的，从 2001 年 1 月 1 日起不再征收房产税。

（18）向居民供热并向居民收取采暖费的供热企业的生产用房，暂免征收房产税。这里的"供热企业"不包括从事热力生产但不直接向居民供热的企业。

（19）根据《财政部 税务总局关于进一步实施小微企业"六税两费"减免政策的公告》（财政部 税务总局公告 2022 年第 10 号），从事国家非限制和禁止行业，且同时符合申报期上月末从业人数不超过 300 人、资产总额不超过 5 000 万元两项条件的，按规定办理首次汇算清缴申报前，可按照小型微利企业申报享受"六税两费"，包括资源税、城市维护建设税、房产税、城镇土地使用税、印花税（不含证券交易印花税）、耕地占用税和教育费附加、地方教育附加减免优惠。

8.8 | 资源税

资源税是以各种应税自然资源为课税对象、为了调节资源级差收入并体现国有资源有偿使用而征收的一种税。

8.8.1 税收身份的划分

资源税纳税人分为以下两种。

1. 资源税纳税人

在我国领域和管辖的其他海域开发应税资源的单位和个人。

2. 资源税扣缴义务人

在某些情况下,可由收购未税矿产品的单位代为扣缴税款。

8.8.2 税目税率

(1) 资源税征税范围:能源矿产、金属矿产、非金属矿产、水气矿产、盐这七类。

(2) 资源税的税率,见表 8-15。

表 8-15　资源税税目税率表

税　　目			征税对象	税率
能源矿产	原油		原矿	6%
	天然气、页岩气、天然气水合物		原矿	6%
	煤		原矿或者选矿	2%~10%
	煤成(层)气		原矿	1%~2%
	铀、钍		原矿	4%
	油页岩、油砂、天然沥青、石煤		原矿或者选矿	1%~4%
	地热		原矿	1%~20%或者每立方米1~30元
金属矿产	黑色金属	铁、锰、铬、钒、钛	原矿或者选矿	1%~9%
	有色金属	铜、铅、锌、锡、镍、锑、镁、钴、铋、汞	原矿或者选矿	2%~10%
		铝土矿	原矿或者选矿	2%~9%
		钨	选矿	6.5%
		钼	选矿	8%
		金、银	原矿或者选矿	2%~6%
		铂、钯、钌、锇、铱、铑	原矿或者选矿	5%~10%
		轻稀土	选矿	7%~12%
		中重稀土	选矿	20%
		铍、锂、锆、锶、铷、铯、铌、钽、锗、镓、铟、铊、铪、铼、镉、硒、碲	原矿或者选矿	2%~10%

税 目			征税对象	税率
非金属矿产	矿物类	高岭土	原矿或者选矿	1％～6％
		石灰岩	原矿或者选矿	1％～6％或者每吨（或者每立方米）1～10元
		磷	原矿或者选矿	3％～8％
		石墨	原矿或者选矿	3％～12％
		萤石、硫铁矿、自然硫	原矿或者选矿	1％～8％
		天然石英砂、脉石英、粉石英、水晶、工业用金刚石、冰洲石、蓝晶石、硅线石（砂线石）、长石、滑石、刚玉、菱镁矿、颜料矿物、天然碱、芒硝、钠硝石、明矾石、砷、硼、碘、溴、膨润土、硅藻土、陶瓷土、耐火黏土、铁矾土、凹凸棒石黏土、海泡石黏土、伊利石黏土、累托石黏土	原矿或者选矿	1％～12％
		叶蜡石、硅灰石、透辉石、珍珠岩、云母、沸石、重晶石、毒重石、方解石、蛭石、透闪石、工业用电气石、白垩、石棉、蓝石棉、红柱石、石榴子石、石膏	原矿或者选矿	2％～12％
		其他黏土（铸型用黏土、砖瓦用黏土、陶粒用黏土、水泥配料用黏土、水泥配料用红土、水泥配料用黄土、水泥配料用泥岩、保温材料用黏土）	原矿或者选矿	1％～5％或者每吨（或者每立方米）0.1～5元
	岩石类	大理岩、花岗岩、白云岩、石英岩、砂岩、辉绿岩、安山岩、闪长岩、板岩、玄武岩、片麻岩、角闪岩、页岩、浮石、凝灰岩、黑曜岩、霞石正长岩、蛇纹岩、麦饭石、泥灰岩、含钾岩石、含钾砂页岩、天然油石、橄榄岩、松脂岩、粗面岩、辉长岩、辉石岩、正长岩、火山灰、火山渣、泥炭	原矿或者选矿	1％～10％
		砂石	原矿或者选矿	1％～5％或者每吨（或者每立方米）0.1～5元
	宝玉石类	宝石、玉石、宝石级金刚石、玛瑙、黄玉、碧玺	原矿或者选矿	4％～20％

税　目		征税对象	税率
水气矿产	二氧化碳气、硫化氢气、氦气、氡气	原矿	2%～5%
	矿泉水	原矿	1%～20%或者每立方米1～30元
盐	钠盐、钾盐、镁盐、锂盐	选矿	3%～15%
	天然卤水	原矿	3%～15%或者每吨（或者每立方米）1～10元
	海盐		2%～5%

注：自2020年9月1日起施行的《中华人民共和国资源税法》税目税率表。

8.8.3　税收优惠

（1）青藏铁路公司及其所属单位运营期间自采自用的砂、石等材料免征资源税，具体操作按《财政部　国家税务总局关于青藏铁路公司运营期间有关税收等政策问题的通知》（财税〔2007〕11号）第三条规定执行。

（2）自2014年12月1日至2023年8月31日，对充填开采置换出来的煤炭，资源税减征50%。

（3）从低丰度油气田开采的原油、天然气，减征20%资源税。

（4）高含硫天然气、三次采油和从深水油气田开采的原油、天然气，减征30%资源税。

（5）从衰竭期矿山开采的矿产品，减征30%资源税。

（6）稠油、高凝油减征40%资源税。

（7）开采原油以及在油田范围内运输原油过程中用于加热的原油、天然气免征资源税。

（8）有下列情形之一的省、自治区、直辖市可以决定免征或者减征资源税：

● 纳税人开采或者生产应税产品过程中，因意外事故或者自然灾害等原因遭受重大损失；

● 纳税人开采共伴生矿、低品位矿、尾矿。

8.9 │ 城镇土地使用税

城镇土地使用税是指国家在城市、县城、建制镇、工矿区范围内,对使用土地的单位和个人,以其实际占用的土地面积为计税依据,按照规定的税额计算征收的一种税。开征城镇土地使用税,有利于通过经济手段,加强对土地的管理,变土地的无偿使用为有偿使用,促进合理、节约使用土地,提高土地使用效益;有利于适当调节不同地区、不同地段之间的土地级层收入,促进企业加强经济核算,理顺国家与土地使用者之间的分配关系。

8.9.1 税收身份的划分

土地使用税纳税人分为以下几种。

(1) 拥有土地使用权的单位和个人是纳税人。

(2) 拥有土地使用权的单位和个人不在土地所在地的,其土地的实际使用人和代管人为纳税人。

(3) 土地使用权未确定的或权属纠纷未解决的,其实际使用人为纳税人。

(4) 土地使用权共有的,共有各方都是纳税人,由共有各方分别纳税。

8.9.2 税目税率

1. 税收范围

征税范围包括城市、县城、建制镇和工矿区的国家所有、集体所有的土地。

从 2007 年 7 月 1 日起,外商投资企业、外国企业和在华机构的用地也要征收城镇土地使用税。

2. 城镇土地使用税适用地区幅度差别定额税率

城镇土地使用税采用定额税率,即采用有幅度的差别税额。按大、中、小城市和县城、建制镇、工矿区分别规定每平方米城镇土地使用税年应纳税额。城镇土地使用税每平方米年税额标准具体规定如下

(1) 大城市 1.5~30 元。

(2) 中等城市 1.2~24 元。

（3）小城市 0.9～18 元。

（4）县城、建制镇、工矿区 0.6～12 元。

8.9.3　税收优惠

下列土地由省、自治区、直辖市税务局确定减免土地使用税。

（1）个人所有的居住房屋及院落用地。

（2）免税单位职工家属的宿舍用地。

（3）民政部门举办的安置残疾人占一定比例的福利工厂用地。

（4）集体和个人办的各类学校、医院、托儿所、幼儿园用地。

（5）房地产开发公司建造商品房的用地，原则上应按规定计征城镇土地使用税。

（6）对企业的铁路专用线，公路等用地，在厂区以外，与社会公用地段未加隔离的，暂免征收土地使用税。

（7）对企业厂区以外的公共绿化用地和向社会开放的公园用地，暂免征收城镇土地使用税。

（8）对水利设施及其管护用地（如水库库区、大坝、堤防、灌渠、泵站等用地），免征土地使用税；其他用地，如生产、办公、生活用地，应照章征收土地使用税。

（9）对林区的有林地、运材道、防火道、防火设施用地，免征土地使用税。林业系统的森林公园，自然保护区，可比照公园免征土地使用税。

（10）对高校后勤实体免征城镇土地使用税。

本章小结

税是为了实现国家职能需要而出现的，它是为维护政府经营活动及提供社会公共服务，因此向社会人具有强制性与无偿征收物品或者货币的总称。从税务总局负责人在"第二届'一带一路'税收征管合作论坛"开幕式上的发言稿《把握数字时代　共创美好未来》，真真切切看到了"金税四期"的影子。未来，我们将在智慧税务引领下进一步实现自动"算税"。从"经验管税"到"以票管税"，再到"以数治税"的过程，就是促进纳税人从"被动遵从"到"主动遵从",再到"协同遵从"的过程,是税收现代化不断向前迈进的过程。

　　监管部门都在改变管理模式,我们作为纳税人、经营者故步自封就可能真的不能享受免费的午餐了。

第 9 章

发票（票证）

发票是指经济活动中，由出售方向购买方签发的文本，内容包括向购买者提供产品或服务的名称、质量、协议价格。除了预付款以外，发票必须具备的要素是根据议定条件由购买方向出售方付款，且包含日期和数量，是会计账务的重要凭证。

中国会计制度规定有效的购买产品或服务的发票称为税务发票。政府部门收费、征款的凭证各个时期和不同收费征款项目称呼不一样，但多被统称为行政事业收费收款收据。为方便内部审计及核数，每一张发票都必须有独一无二的流水账号码，防止发票重复或跳号。

9.1 | 发票的类型

简单来说，发票就是发生的成本、费用或收入的原始凭证。对于公司来讲，发票主要是公司做账的依据，同时也是缴税的费用凭证；而对于员工来讲，发票主要是用来报销的。

发票由省、自治区、直辖市税务机关指定的企业印制；增值税专用发票由国家税务总局统一印制。禁止私印、伪造、变造发票。适用的法律主要是《中华人民共和国发票管理办法》《中华人民共和国发票管理办法实施细则》。

1. 发票主要类型

目前增值税发票主要包括以下五个票种。

（1）全电子发票，目前主要包括电子发票（增值税专用发票）、电子发票（普通发票）、纸质发票（增值税专用发票）、纸质发票（普通发票），是全面数字化的发票，是与纸质发票具有同等法律效力的全新发票，不以纸质形式存在、不用介质支撑、不需申请领用。电子发票将纸质发票的票面信息全面数字化，通过标签管理将多个票种集成归并为电子发票单一票种，设立税务数字账户，实现全国统一赋码、智能赋予发票开具金额总额度、自动流转交付。

（2）增值税专用发票（含增值税电子专用发票）：是增值税纳税人销售货物或者提供应税劳务开具的发票，是购买方支付增值税额并可按照增值税有关规定据以抵扣增值税进项税额的凭证。

（3）增值税普通发票（含电子普通发票、卷式发票、通行费发票）：是增值税纳税人销售货物或者提供应税劳务、服务时，通过增值税税控系统开具的普通发票。

（4）机动车销售统一发票：凡从事机动车零售业务的单位和个人，从2006年8月1日起，在销售机动车（不包括销售旧机动车）收取款项时开具的发票。

（5）二手车销售统一发票：二手车经销企业、经纪机构和拍卖企业，在销售、中介和拍卖二手车收取款项时，通过开票软件开具的发票。

2. 增值税专用发票与普通发票的主要区别

增值税专用发票不仅是购销双方收付款的凭证，而且还可以用作购买方（增值税一般纳税人）扣除增值税的凭证，因此不仅具有商事凭证的作用，而且具备完税凭证的作用。而增值税普通发票除税法规定的经营项目外都不能抵扣进项税，发票票样如图 9-1、图 9-2、图 9-3、图 9-4、图 9-5、图 9-6 所示。

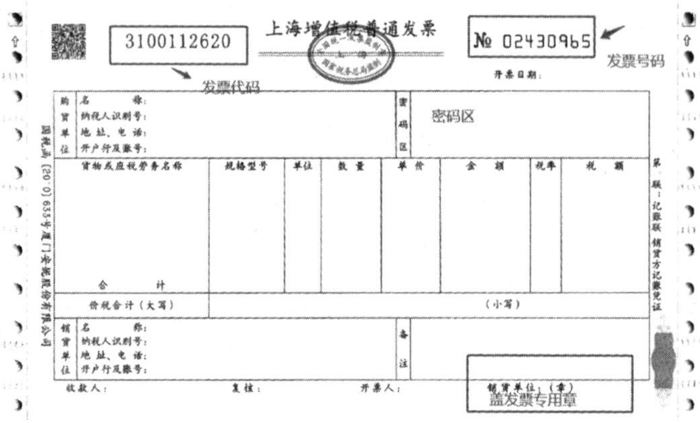

图 9-1 增值税普通发票（纸质）

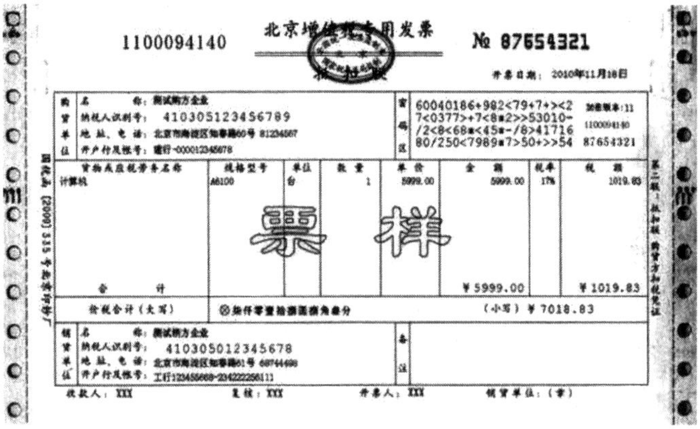

图 9-2 增值税专用发票（纸质）

图 9-3 增值税普通发票（电子版）

机动车销售统一发票（2021版）

发票代码：011001801001　　发票号码：00001010　　　　　　开票日期：2021年05月16日

机打代码	011001801001		税控码				
机打号码	0000101						
机器编号	6615656864740						
购买方名称 *				纳税人识别号/统一社会信用代码*/身份证号码			
车辆类型*		厂牌型号*			产地*		
合格证号		进口证明书号			商检单号		
发动机号码		▼	车辆识别代号/车架号码				
价税合计	（大写）零圆整				小写*0.00		
销货单位名称	纳税人名称			电话	010-88888888		
纳税人识别号	2342445577TEAA245589			账号			
地址	北京市海淀区杏石口路甲9999号		开户银行		中国银行9995511122233366655544		
增值税税率或征收率	13%	增值税税额	￥0.00	主管税务机关及代码	税务机关名称		
					15001010000		
不含税价	￥0.00	完税凭证号码		吨位		限乘人数	

销货单位盖章	开票人	备注 一车一票
生产企业名称		

图 9-4　机动车销售发票

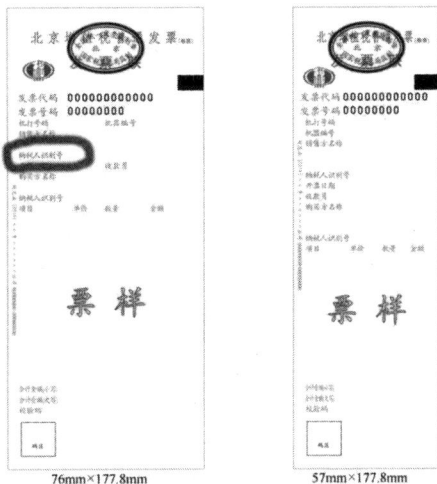

76mm×177.8mm　　　　57mm×177.8mm

图 9-5　增值税卷式发票（纸质）

图 9-6　定额发票

9.2 | 发票的开具

发票的开具是实现其使用价值，反映经济业务活动的重要环节，发票开具是否真实、完整、正确，直接关系到能否达到发票管理的预期目的，如图 9-7 所示。

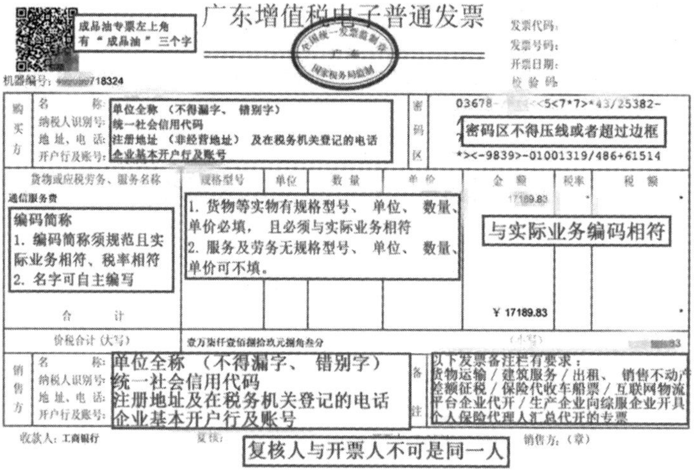

图 9-7 标准版发票开具样式

发票的开具掌握两个原则：

1. "都开"的原则

单位和个人凡是发生销售商品、提供服务以及从事其他经营活动，对外发生经营业务收取款项时，收款方均应向付款方开具发票；在特殊情况下，由付款方开具发票（如废旧物资收购、农副产品收购等）。

2. "都要"的原则

"都要"是指所有单位和从事生产、经营活动的个人在购买商品，接受服务以及从事其他经营活动支付款项时，应当向收款方取得发票。同时对取得发票的一方提出禁止性规定：不得要求变更品名和金额。

销货方按规定开具发票。

（1）销货方在整本发票使用前，要认真检查有无缺页、错号、发票联无发票监制章或印制不清楚等现象，如发现问题应报送税务机关处理。

（2）整本发票开始使用后，应做到按号码顺序填写，填写项目齐全，内容真实，字迹清楚，全部联次一次复写、打印、内容完全一致。填开的发票不得涂改、挖补、撕毁。

（3）开具发票要按照规定的时限、逐栏填写，并加盖单位财务印章或者发票专用章。未经税务机关批准，不得拆本使用发票，不得自行扩大专业发票使用范围。

（4）填开发票的单位和个人必须在发生经营业务，确认营业收入时开具发票，未发生业务一律不准开具发票。

（5）销货方应在规定的使用范围内开具发票，不准买卖、转借、转让和代理开具发票。

（6）销货方使用电子计算机开具发票，须经主管税务机关批准，并使用税务机关统一监制的机外发票，开具后的存根联要按照顺序号装订成册。

增值税一般纳税人有下列情况，不得开具增值税专用发票。

（1）向消费者销售应税项目。

（2）销售免税项目。

（3）销售报关出口的货物、在境外销售应税劳务。

（4）将货物用于非应税项目。

（5）将货物用于集体福利或个人消费。

（6）提供非应税劳务（应当征收增值税的除外）、转让无形资产或者销售不动产。向小规模纳税人销售应税项目，可以不开具专用发票。

9.3 | 发票丢失的处理

在我国经济生活中，发票有着特殊的地位，企业对于发票的看重源于我国"以票管税"的税收征管体系。由于大部分情况下，发票是企业抵扣进项税和列支成本费用的必要凭据。要区分遗失发票是增值税专用发票还是普通发票，有时候还要区分是销售方（开票方）遗失还是采购方（受票方）遗失，这样才能逐个分析不同类型的发票和不同人遗失所需要各自采取的补救措施。

1. 丢失普通发票

（1）应于发现丢失当日书面报告税务机关。办理发票挂失损毁报告需要提交发票挂失损毁报告表 1 份。如果发票遗失、损毁且发票数量较大在报告表中无法全部反映，还应提供挂失损毁发票清单 1 份。

（2）接受税务机关行政处罚。如果符合首违不罚的规定，可免予处罚。

（3）发票丢失不再需要登报作废声明。自 2019 年 7 月 24 日起取消发票丢失登报作废声明，取消后的办理方式是："不再提交，取消登报要求"。自此，无论丢失专用发票、普通发票都不需要再提交发票丢失登报作废声明。

政策依据：根据《国家税务总局关于公布取消一批税务证明事项以及废止和修改部分规章规范性文件的决定》（国家税务总局令第 48 号）对《中华人民共和国发票管理办法实施细则》进行了修改，修改后的第三十一条使用发票的单位和个人应当妥善保管发票。发生发票丢失情形时，应当于发现丢失当日书面报告税务机关。与原三十一条相较，删除了"并登报声明作废"的规定。

2. 遗失增值税专用发票

（1）应于发现丢失当日书面报告税务机关。办理发票挂失损毁报告需要提交发票挂失损毁报告表 1 份。如果发票遗失、损毁且发票数量较大在报告表中无法全部反映，还应提供挂失损毁发票清单 1 份。

（2）接受税务机关行政处罚。如果符合首违不罚的规定，可免予处罚。

（3）凭借复印件勾选或认证。销货方纳税人已上传发票明细数据的，购货方纳税人可凭专用发票记账联复印件直接勾选抵扣或扫描认证；销货方无须再向主管税务机关申请开具证明。

（4）丢失专用发票，不再需要办理丢失增值税专用发票已报税证明单。

自 2019 年 11 月 1 日起，丢失增值税专用发票的纳税人无须开具丢失增值税专用发票已报税证明，销货方纳税人已上传发票明细数据的，购货方纳税人可凭专用发票记账联复印件直接勾选抵扣或扫描认证；销货方无须再向主管税务机关申请开具证明。

参见：《全国税务机关纳税服务规范》已删除"一般纳税人丢失专用发票已报税证明单开具"事项。

---

3. 遗失机动车发票

丢失机动车销售发票的消费者，办理发票挂失损毁报告时，不再需要提供加盖销售单位发票专用章的机动车销售统一发票存根联复印件。办理发票挂失损毁报告需要提交发票挂失损毁报告表1份。

4. 发票丢失可能会被处以罚款

丢失发票，由税务机关责令改正，可以处1万元以下的罚款；情节严重的，处1万元以上3万元以下的罚款。但当事人首次违反且情节轻微，并在税务机关发现前主动改正的或者在税务机关责令限期改正的，期限内改正的，不予行政处罚。

9.4 发票冲红

　　发票冲红，表示原先开的发票有误或需更正，需要重新开发票调整账目的意思（原始发票称蓝票，冲红是相对原票而言）。若对错误发票不处理，会导致账实不符，则会存在涉税风险。发票冲红时应注意的几种情况。

　　（1）问：购买方已认证相符的发票，若被冲红是否退回给销售方？

　　答：根据规定，认证相符的专用发票是作为购买方的记账凭证，所以是不可以退还给销售方的。

　　（2）问：是否需要将红字增值税专用发票的相应联次给客户？

　　答：针对专用发票还没有交付给购买方，以及购买方还没有用于申报抵扣并将抵扣联及发票联退回情况，此时不需要将红字发票寄给购买方。而针对购买方专用发票没有用于申报抵扣，但抵扣联或发票联无法退回，或者已经申报抵扣的情况，此时则需将红字发票寄给购买方，且一并作为记账凭证。

　　（3）问：代开的增值税普通发票发现有误是否可部分冲红？

　　答：不可以，因为代开发票的冲红是需要纳税人交回已开发票的全部联次，此时需要重新开具一张新的发票。

　　（4）问：要冲红的已抵扣红字增值税电子专用发票后，是否需追回已开具的增值税电子专用发票吗？

　　答：对比纸质专用发票开具流程，在开具电子专用发票时是不需要追回已开具的蓝字增值税电子专用发票。

　　（5）问：开具红字增值税发票有时间限制吗？

　　答：只要符合冲红条件的就可以开具红字发票，没有任何时间限制。

（6）问：增值税电子发票可以作废吗？

答：不能，因为增值税电子发票具有无法回收、可复制性的特点，所以一旦开具就不能作废。若出现销货退回、开票有误等情况，此时无须退回增值税电子发票，应开具红字增值税电子发票。

（7）问：对于要冲红已抵扣专用发票应何时做进项税额转出？

答：购买方应该暂时依据信息表中所列的增值税税额从当期进项税额中进行转出，待取得销售方开具的红字专用发票后，同信息表一起作为记账凭证。

（8）问：增值税普通发票能否部分冲红？

答：依据国家税务总局相关规定，纳税人在开具红字的增值税普通发票时，是可以在所对应的蓝字发票金额范围内开具多份红字发票，即可对应多张红字信息表。

9.5 | 发票作废

"发票作废"是大家在日常工作中经常会遇到的一种情况，那么不同情况下的作废条件是什么呢？

自开增值税专用发票作废条件如下。

开票方在开具专用发票当月，发生销货退回、开票有误等情形，收到退回的发票联、抵扣联符合作废条件的，按作废处理；开具时发现有误的，可及时作废。符合作废条件，是指同时具有以下情形。

（1）收到退回的发票联、抵扣联时间未超过销售方开票当月。

（2）销售方未抄税并且未记账。

（3）购买方未认证或者认证结果为"纳税人识别号认证不符""专用发票代码、号码认证不符"。

注意：作废专用发票须在防伪税控系统中将相应的数据电文按"作废"处理，在纸质专用发票（含未打印的专用发票）各联次上注明"作废"字样，全联次留存。

9.6 | 发票备注栏的填写

发票开具时，备注栏需要按照规定填写，符合条件但未按规定填写备注栏信息的增值税发票，将不能作为有效税收凭证。

（1）自行开具发票的备注栏具体要求及参照文件见表9-1。

表9-1 自行开具发票的备注栏填写要求

业务类型	备注栏信息	政策依据
纳入试点的网络平台道路货物运输企业，为符合条件的货物运输业小规模纳税人（会员）代开增值税专用发票	注明会员的纳税人名称、纳税人识别号、起运地、到达地、车种车号及运输货物信息。如内容较多可另附清单	《国家税务总局关于开展网络平台道路货物运输企业代开增值税专用发票试点工作的通知》（税总函〔2019〕405号）
货物运输服务	填写起运地、到达地、车种车号及运输货物等信息	《国家税务总局关于停止使用货物运输业增值税专用发票有关问题的公告》（国家税务总局公告2015年第99号）
铁路运输企业提供货物运输服务	委托代征印花税款信息	《国家税务总局关于停止使用货物运输业增值税专用发票有关问题的公告》（国家税务总局公告2015年第99号）
建筑服务	注明建筑服务发生地县（市、区）名称及项目名称	《国家税务总局关于全面推开营业税改征增值税试点有关税收征收管理事项的公告》（国家税务总局公告2016年第23号）
销售、出租不动产	注明不动产的详细地址	《国家税务总局关于全面推开营业税改征增值税试点有关税收征收管理事项的公告》（国家税务总局公告2016年第23号）
差额征税开票	自动打印"差额征税"字样	《国家税务总局关于全面推开营业税改征增值税试点有关税收征收管理事项的公告》（国家税务总局公告2016年第23号）

业务类型	备注栏信息	政策依据
销售预付卡	只能开具增值税普通发票，注明"收到预付卡结算款"	《国家税务总局关于营改增试点若干征管问题的公告》（国家税务总局公告 2016 年第 53 号）
保险代收车船税发票	注明代收车船税税款信息，具体包括：保险单号、税款所属期（详细至月）、代收车船税金额、滞纳金金额、金额合计等	《国家税务总局关于保险机构代收车船税开具增值税发票问题的公告》（国家税务总局公告 2016 年第 51 号）
生产企业委托综服企业代办出口退税	代办退税专用	《国家税务总局关于调整完善外贸综合服务企业办理出口货物退（免）税有关事项的公告》（国家税务总局公告 2017 年第 35 号）

（2）税务机关代开发票时备注栏的注意事项：

● 一般代开。备注栏内注明纳税人名称和纳税人识别号。

> 参见《国家税务总局关于印发〈税务机关代开增值税专用发票管理办法（试行）〉的通知》（国税发〔2004〕153 号）

● 税务机关为跨县（市、区）提供不动产经营租赁服务、建筑服务的小规模纳税人（不包括其他个人）代开增值税发票，在发票备注栏中自动打印'yd'字样。

> 参见《国家税务总局关于全面推开营业税改征增值税试点有关税收征收管理事项的公告》（国家税务总局公告 2016 年第 23 号）。

● 建筑业代开。税务机关为纳税人代开建筑服务发票，在发票的备注栏注明建筑服务发生地县（市、区）名称及项目名称。

> 参见《国家税务总局关于全面推开营业税改征增值税试点有关税收征收管理事项的公告》（国家税务总局公告 2016 年第 23 号）。

● 出售或出租不动产代开。应在备注栏注明不动产的详细地址。

参见《国家税务总局关于全面推开营业税改征增值税试点有关税收征收管理事项的公告》（国家税务总局公告 2016 年第 23 号）

● 个人保险代理人汇总代开。税务机关为个人保险代理人汇总代开增值税发票，应在备注栏内注明"个人保险代理人汇总代开"字样。

参见《国家税务总局关于个人保险代理人税收征管有关问题的公告》（国家税务总局公告 2016 年第 45 号）。

● 差额征税代开。税务机关代开增值税发票时，通过新系统中差额征税开票功能，录入含税销售额（或含税评估额）和扣除额，系统自动计算税额和不含税金额，备注栏自动打印"差额征税"字样。

参见《国家税务总局关于全面推开营业税改征增值税试点有关税收征收管理事项的公告》（国家税务总局公告 2016 年第 23 号）。

● 货运代开。税务机关为提供货物运输服务的小规模纳税人代开增值税发票，应在备注栏注明起运地、到达地、车种车号以及运输货物信息等内容，内容较多可另附清单。

参见《国家税务总局关于开展网络平台道路货物运输企业代开增值税专用发票试点工作的通知》（税总函〔2019〕405 号）

9.7 | 可以不取得发票的情形

可以不取得发票的情形主要是针对企业所得税税前扣除问题。目前，绝大部分支出均以发票作为税前扣除的凭证，那么，哪些情形没有发票也可以税前扣除呢？这里我们总结和汇总 17 种情形，方便大家做好税务规划。

参见《企业所得税法》第八条规定，企业实际发生的与取得收入有关的、合理的支出，包括成本、费用、税金、损失和其他支出，准予在计算应纳税所得额时扣除。

（1）工资薪金：工资薪金扣除依据主要有：①正规的员工工资薪金制度；②工资单；③社保缴纳情况；④个税缴款明细；⑤劳动合同或劳务派遣协议（合同）。省规定各类企业在年度汇算清缴企业所得税申报时，应将人力资源和社会保障行政部门审查生效的工资集体协商协议、审查意见书和职工工资薪金总额实际发放情况等资料一并报主管税务部门备案。企业只有与其员工签订书面劳动合同并报经劳动部门备案，其合理的工资薪金才能税前扣除。

需要注意的是，纳税人的劳务报酬支出，不能通过工资方式列支，应当凭税务部门开具的发票在所得税税前扣除，未取得合法有效凭证的支出不得在企业所得税税前扣除。

（2）社会保险费（以下简称社保）：企业根据国家有关政策规定，为在本企业任职或者受雇的全体员工支付的补充养老保险费、补充医疗保险费，分别在不超过职工工资总额5％标准的部分，在计算应纳税所得额时准予扣除。

社保费用的扣除依据为社保缴费凭证。

（3）工会经费：企业拨缴的工会经费，不超过工资薪金总额2％的部分，准予扣除。

工会经费的扣除依据主要有以下三种情况：①由税务局代收的，应提供税务部门代收的工会经费代收凭据；②工会经费由工会组织直接征收的，凭工会组织开具的工会经费收入专用收据在企业所得税税前扣除；③使用"行政拨缴工会经费缴款书"拨缴工会经费的单位，可用银行付款凭证代替工会经费拨缴款专用收据，在税前扣除。

（4）职工福利费、抚恤金、救济金。

企业发生的职工福利费支出，不超过工资薪金总额14％的部分，准予扣除。即企业以现金形式支付的福利费，如随同工资一起发放且符合《国家税务总局关于企业工资薪金及职工福利费扣除问题的通知》（国税函〔2009〕3号）规定，则无须发票即可在税前扣除，如误餐补助等。对购买属于职工福利费列支范围的实物资产应取得合法发票。纳税人发生的职工食堂经费补贴以实际支出的凭证，在规定的比例内作为职工福利费税前扣除。

（5）员工离职补偿金。

个人与用人单位解除劳动关系取得一次性补偿收入（包括用人单位发放

的经济补偿金、生活补助费和其他补助费），在当地上年职工平均工资 3 倍数额以内的部分，免征个人所得税。凭证为离职相关手续和个人收款单据及离职补偿协议。

（6）境外发生的支出。境外的发票、支付凭证、付款通知书等。

> 参见《国家税务总局关于发布〈企业所得税前扣除凭证管理办法〉的公告》（国家税务总局公告 2018 年 28 号）第十一条，企业从境外购进货物或者劳务发生的支出，以对方开具的发票或者具有发票性质的收款凭证、相关税费缴纳凭证作为税前扣除凭证。

（7）企业租用（包括企业作为单一承租方租用）办公、生产用房等资产发生的水、电、燃气、冷气、暖气、通信线路、有线电视、网络等费用。出租方采取分摊方式的，企业以出租方开具的其他外部凭证作为税前扣除凭证。

（8）企业从境外购进货物或者劳务发生的支出。以对方开具的发票或者具有发票性质的收款凭证、相关税费缴纳凭证作为税前扣除凭证。

（9）对方为依法无须办理税务登记的单位或者从事小额零星经营业务的个人，其支出以税务机关代开的发票或者收款凭证及内部凭证作为税前扣除凭证，收款凭证应载明收款单位名称、个人姓名及身份证号、支出项目、收款金额等相关信息。小额零星经营业务的判断标准是个人从事应税项目经营业务的销售额不超过增值税相关政策规定的起征点。

（10）企业在补开、换开发票、其他外部凭证过程中，因对方注销、撤销、依法被吊销营业执照、被税务机关认定为非正常户等特殊原因无法补开、换开发票、其他外部凭证的，可凭相关资料证实支出真实性后，其支出允许税前扣除。

（11）企业从境外购进货物或者劳务发生的支出。以对方开具的发票或者具有发票性质的收款凭证、相关税费缴纳凭证作为税前扣除凭证。

（12）企业与其他企业（包括关联企业）、个人在境内共同接受应纳增值税劳务（以下简称"应税劳务"）发生的支出。采取分摊方式的，应当按照独立交易原则进行分摊，企业以发票和分割单作为税前扣除凭证，共同接受应税劳务的其他企业以企业开具的分割单作为税前扣除凭证。

（13）罚款、违约金。纳税人按照经济合同规定支付的违约金（包括银行罚息）和诉讼费可以扣除。其扣除依据是：①法院判决书或调解书；②仲裁机构的裁定书；③双方签订的提供应税货物或应税劳务的协议；④双方签订的赔偿协议；⑤收款方开具的发票或收据。

需要提醒的是，纳税人生产、经营违反国家法律、法规和规章，被有关部门处以的罚款及被没收财物的损失不得扣除；税收滞纳金也不得扣除。

（14）折旧与摊销费。企业按照规定计算的固定资产折旧与无形资产摊销费用，准予扣除。

参见《企业所得税法实施条例》第五十八条及第六十六条分别规定了固定资产及无形资产确定计税基础的几种情况。企业在计提固定资产折旧时，按以上要求进行账务处理即可，无须取得相关发票。

（15）佣金及手续费。企业支付给其他单位或个人佣金，不能取得发票的应当如实向当地主管税务机关提供当年手续费及佣金计算分配表和其他相关资料，并依法取得合法真实凭证。

（16）研发费用加计扣除数。

参见依据《财政部 税务总局关于进一步完善研发费用税前加计扣除政策的公告》（财政部 税务总局公告 2023 年第 7 号），为进一步激励企业加大研发投入，更好地支持科技创新，现就企业研发费用税前加计扣除政策有关问题公告如下：

一、企业开展研发活动中实际发生的研发费用，未形成无形资产计入当期损益的，在按规定据实扣除的基础上，自 2023 年 1 月 1 日起，再按照实际发生额的 100% 在税前加计扣除；形成无形资产的，自 2023 年 1 月 1 日起，按照无形资产成本的 200% 在税前摊销。

（17）安置残疾人员工资加计扣除。

参见：《企业所得税法实施条例》第九十六条：企业所得税法第三十条第（二）项所称企业安置残疾人员所支付的工资的加计扣除，是指企业安置残疾人员的，在按照支付给残疾职工工资据实扣除的基础上，按照支付给残疾职工工资的 100% 加计扣除。残疾人员的范围适用《中华人民共和国残疾人保障法》的有关规定。

9.8 | 发票的违法行为

违法使用发票，一般情况下是根据《中华人民共和国发票管理办法》进行处罚。但是情节严重的，就会触犯刑法规定，受到刑事处罚。结合《中华人民共和国发票管理办法》和《中华人民共和国刑法》及相关司法解释规定，就有关涉及发票违法行为的税务行政处罚、构成犯罪标准及刑事处罚我给大家总结如下。

1. 虚开发票行为

（1）虚开发票行为的界定。

行为人有以下四种行为之一的，即构成虚开发票的行为：

● 为他人开具与实际经营业务情况不符的发票；

● 为自己开具与实际经营业务情况不符的发票；

● 让他人为自己开具与实际经营业务情况不符的发票；

● 介绍他人开具与实际经营业务情况不符的发票。

以上发票包括增值税专用发票，用于出口退税、抵扣税款的其他发票，也包括一般的普通发票；且无论是经税务机关监制的发票，还是伪造的发票（俗称"假发票"），只要符合上述条件，均构成虚开行为。

（2）虚开增值税专用发票的手段包括以下内容。

● 没有货物、不动产、无形资产购销，提供或接受应税劳务、应税服务，为他人、为自己、让他人为自己、介绍他人开具增值税专用发票。

● 有货物、不动产、无形资产购销、提供或接受应税劳务、应税服务，但为他人、为自己、让他人为自己、介绍他人开具数量或者金额不实的增值税专用发票。

● 进行了实际经营活动，但让他人为自己代开增值税专用发票。

（3）税务行政处罚方式及幅度如下。

● 没收违法所得。

● 虚开金额在 1 万元以下的，可以并处 5 万元以下的罚款；虚开金额超过 1 万元的，并处 5 万元以上 50 万元以下的罚款。

（4）犯罪的标准、罪名及刑罚。

● 虚开增值税专用发票或者虚开用于骗取出口退税发票、抵扣税款的其他发票，虚开的税款数额在 1 万元以上或者致使国家税款被骗数额在 5 000 元以上的，即涉嫌构成犯罪。罪名分别为：虚开增值税专用发票罪、虚开用于骗取出口退税发票罪、虚开用于抵扣税款发票罪。

所称"增值税专用发票"包括增值税专用发票和货物运输业增值税专用发票（现已停用）。

所称"用于出口退税、抵扣税款的其他发票"，是指除增值税专用发票以外的，具有出口退税、抵扣税款功能的收付款凭证或者完税凭证，如农产品收购发票、农产品销售发票以及海关进口增值税专用缴款书、解缴代扣境外增值税税款的完税凭证等。

刑罚规定：个人犯罪的，处拘役、15 年以下有期徒刑，直至无期徒刑，可并处罚金。单位犯罪的，对单位判处罚金；并对其直接负责的主管人员和其他直接责任人员，按个人犯罪处罚。

● 虚开上述两类发票以外的其他普通发票，如开具劳务派遣项目、餐饮项目、销售商品货物、提供维修劳务等内容的增值税普通发票（含折叠式发票和卷式发票）及增值税电子普通发票等，有下列情形之一的，即涉嫌构成虚开发票罪。

虚开发票 100 份以上，或者虚开金额累计在 40 万元以上的；虽未达到上述数额标准，但 5 年内因虚开发票行为受过行政处罚两次以上，又虚开发票的；其他情节严重的情形。

刑罚规定：个人犯罪的，可处管制、拘役，最高 7 年以下有期徒刑，并处罚金；单位犯该罪的，对单位处以罚金，对其直接负责的主管人员和其他直接责任人员按个人犯罪处以刑罚。

● 上述虚开增值税专用发票，虚开用于骗取出口退税、抵扣税款的其他发票，或者虚开发票，是指有为他人虚开、为自己虚开、让他人为自己虚开、介绍他人虚开行为之一的。

2. 非法制造发票，出售非法制造的发票，非法出售发票的行为

参见《中华人民共和国税收征收管理法》第二十二条规定：增值税专用发票由国务院税务主管部门指定的企业印制；其他发票，按照国务院税务主管部门的规定，分别由省、自治区、直辖市国家税务局、地方税务局指定企业印制。未经前款规定的税务机关指定，不得印制发票。

《中华人民共和国发票管理办法》（修订）第七条规定：增值税专用发票由国务院税务主管部门确定的企业印制；其他发票，按照国务院税务主管部门的规定，由省、自治区、直辖市税务机关确定的企业印制。禁止私自印制、伪造、变造发票。

（1）税务行政处罚方式及幅度。

并处 1 万元以上 5 万元以下的罚款；情节严重的，并处 5 万元以上 50 万元以下的罚款。

（2）构成犯罪的标准、罪名及刑罚。

①非法制造增值税专用发票（俗称"假增值税专用发票"），出售非法制造的增值税专用发票，或出售经税务机关监制的增值税专用发票，数量 25 份以上，或者票面额累计在 10 万元以上的，分别涉嫌构成伪造增值税专用发票罪，出售伪造的增值税专用发票，非法出售增值税专用发票罪。

刑罚规定：个人犯罪的，处管制、拘役、15 年以下有期徒刑，直至无期徒刑；单位犯罪的，对单位判处罚金；并对其直接负责的主管人员和其他直接责任人员，按个人犯罪处以刑罚。

②非法制造，出售非法制造的，或出售经税务机关监制的用于骗取出口退税、抵扣税款的发票 50 份以上，或者票面额累计在 20 万元以上，分别涉嫌构成非法制造用于骗取出口退税发票罪、非法制造用于抵扣税款发票罪、出售非法制造的用于骗取出口退税发票罪、出售非法制造的抵扣税款发票罪、非法出售用于骗取出口退税发票罪、非法出售用于抵扣税款发票罪。

刑罚规定：个人犯罪的，处管制、拘役、15 年以下有期徒刑；单位犯罪的，对单位判处罚金；并对其直接负责的主管人员和其他直接责任人员，按个人犯罪处以刑罚。

③非法制造一般普通发票（俗称"假发票"），出售非法制造的一般普通发票，或非法出售经税务机关监制的一般普通发票，数量在 100 份以上，或者票面额累计在 40 万元以上的，分别涉嫌构成非法制造发票罪、出售非法制造的发票罪，非法出售发票罪。

刑罚规定：个人犯罪的，处管制、拘役、7 年以下有期徒刑；单位犯罪的，对单位判处罚金；并对其直接负责的主管人员和其他直接责任人员，按个人犯罪处以刑罚。

3. 非法购买发票，非法持有发票的行为

根据《中华人民共和国税收征收管理法》第二十一条规定：税务机关是发票的主管机关，负责发票印制、领购、开具、取得、保管、缴销的管理和监督。单位、个人在购销商品、提供或者接受经营服务以及从事其他经营活动中，应当按照规定开具、使用、取得发票。

《中华人民共和国发票管理办法》第十五条规定：需要领购发票的单位和个人，应当持税务登记证件、经办人身份证明、按照国务院税务主管部门规定式样制作的发票专用章的印模，向主管税务机关办理发票领购手续（注：领购现已为领用）。

违反以上规定，处罚如下。

（1）处1万元以上5万元以下的罚款；情节严重的，处5万元以上50万元以下的罚款；有违法所得的予以没收。

非法购买增值税专用发票或者购买伪造的增值税专用发票25份以上或者票面额累计在10万元以上，涉嫌构成非法购买增值税专用发票罪或者购买伪造的增值税专用发票罪。

刑罚规定：个人犯罪的，处5年以下有期徒刑或者拘役，并处或者单处罚金；单位犯罪的，对单位判处罚金；并对其直接负责的主管人员和其他直接责任人员，按个人犯罪处以刑罚。

（2）明知是伪造的发票而持有，具有下列情形之一的，涉嫌构成持有伪造的发票罪：

● 持有伪造的增值税专用发票50份以上，或者票面额累计在20万元以上的；

● 持有伪造的可以用于骗取出口退税、抵扣税款的其他发票100份以上，或者票面额累计在40万元以上的；

● 持有伪造的上述两类发票以外的普通发票200份以上，或者票面额累计在80万元以上的。

本章小结

发票既是经济业务的载体，也是我们经营者维护自身权益，国家取得财

政收入的重要手段，种类繁多，取得、使用、保管的要求也不是完全统一。这就要求我们了解"负面清单"，即哪些发票是不合规的，什么途径取的发票是不合法的发票。全面"营改增"后，发票像链条一样，连接上下游企业，所以加强对票据的管理，可以提高自身的抗风险能力。

第 10 章

合同

合同是平等主体的自然人、法人、其他组织之间设立的，它是市场经济条件下规范财产流转的协议，也是市场经济中广泛进行的法律行为。

10.1 合同中的法律风险

合同存在的风险有很多种，合同签订前的风险，合同在履行过程中的风险及合同在签订后的风险，所以说风险无处不在，我们所能够做到的就是如何有效规避这些风险。

10.1.1 文书形式选用的风险

1. 合同的法律形式

合同的形式有书面形式、口头形式和其他形式。除了交货的同时付款的合同外，一般应以书面的形式签订合同。在以信件和数据电文（包括电报、电传、传真、电子数据交换和电子邮件）等形式签订合同时，一定要以书面的形式确认，以避免双方在履行过程中发生分歧。法律、行政法规规定或者当事人约定采用书面形式订立合同的，一定要以书面的形式订立合同，千万不要因为人熟就无视这样的约定，因为这里面隐藏了许多的法律风险。如果当事人未采用书面形式但一方已经履行主要义务，对方接受的，该合同是成立并有效的，但这样的行为会给企业带来许多不必要的风险和麻烦，应当尽量地避免。

参见《中华人民共和国民法典》（以下简称《民法典》）第四百六十九条　当事人订立合同，可以采用书面形式、口头形式或者其他形式。书面形式是合同书、信件、电报、电传、传真等可以有形地表现所载内容的形式。以电子数据交换、电子邮件等方式能够有形地表现所载内容，并可以随时调取查用的数据电文，视为书面形式。

【借款合同形式】第六百六十八条第一款　借款合同应当采用书面形式，但是自然人之间借款另有约定的除外。

【保证合同形式】第六百八十五条第一款　保证合同可以是单独订立的书面合同，也可以是主债权债务合同中的保证条款。

【融资租赁合同形式】第七百三十六条第二款　融资租赁合同应当采用书面形式。

【保理合同形式】第七百六十二条第二款　保理合同应当采用书面形式。

【建设工程合同形式】第七百八十九条　建设工程合同应当采用书面形式。

【技术开发合同形式】第八百五十一条第三款　技术开发合同应当采用书面形式。

【技术转让合同、技术许可合同形式】第八百六十三条第三款　技术转让合同和技术许可合同应当采用书面形式。

【物业服务合同形式】第九百三十八条第三款　物业服务合同应当采用书面形式。

【应采书面形式但未采仍成立的情况】第四百九十条第二款　法律、行政法规规定或者当事人约定合同应当采用书面形式订立，当事人未采用书面形式但是一方已经履行主要义务，对方接受时，该合同成立。

【合同订立方式】第四百七十一条　当事人订立合同，可以采取要约、承诺方式或者其他方式。

2. 案例分析

2021年年初，高某银和潘某仙通过微信及电话的方式达成口头协议，潘某仙向高某银购买笔记本电脑及台式电脑若干，运送至潘某仙指定地点永安市某乡镇，运费由高某银承担。双方约定笔记本电脑及台式电脑价格，实际数量以实物到达指定地点签收验货为准。潘某仙实际应付货款为 329 258 元。

2021年4月，潘某仙以银行转账方式和微信转账方式，合计向高某银支付货款311 800元，尚欠17 458元货款未支付。经多次催讨，潘某仙以笔记本电脑及台式电脑送到指定地点时还未开机测试为由，对余下货款不予支付。高某银诉至永安市法院，要求潘某仙支付剩余货款。

这个案例在我们中小微企业中是不是非常具有代表性，看看法院的审理结果：

本案经永安市法院审理，高某银和潘某仙双方的买卖事宜皆通过电话联系，没有签订书面的买卖合同，属于口头协议，但双方皆认可买卖事宜。开庭后，经法官组织调解，潘某仙同意一次性支付给高某银剩余货款，且货款当场通过微信转账付清。

法官提醒：虽说口头协议具有法律效力，但买卖双方对于不能即时结清的合同、标的额较大的合同的履行容易发生争议，建议务必采用书面形式，签订正式合同，保留证据，以维护自身权利。

10.1.2 主体选择的风险

1. 合同主体不合格的法律风险

合同主体不合格的法律风险主要包括：

（1）合同主体为限制民事行为能力人的，应当经法定代理人同意或者追认；

（2）合同主体为无民事行为能力人的，合同无效，不具有法律约束力。

法律依据：《中华人民共和国民法典》第一百四十三条　具备下列条件的民事法律行为有效：（一）行为人具有相应的民事行为能力；（二）意思表示真实；（三）不违反法律、行政法规的强制性规定，不违背公序良俗。

第一百四十四条　无民事行为能力人实施的民事法律行为无效。

2. 案例分析

名义出借人钱某与实际出借人赵某系母女关系；赵某与借款人黄某系发小关系。黄某为某公司的股东，因资金周转需要向赵某借款，并表示甲公司可以提供担保。因赵某身份敏感，不愿以自己名义借款给他人，遂提出以母亲钱某名义借款给黄某。为此，赵某让其母亲钱某在银行新办理一张银行卡交付赵某管理，赵某遂将出借的款项转至母亲钱某新办的银行卡，赵某陆续通过母亲钱某的银行卡将借款转账至黄某账户。为此，黄某先后出具了两张借条并交付赵某，分别载明：今借到钱某人民币160万元、85万元，月息

1分，借款期限1年。黄某在借款人处签名按印，甲公司在担保人处盖章确认。因黄某未能按期归还借款本息，钱某遂诉至法院，要求黄某返还借款本金，甲公司承担连带清偿责任。庭审中，黄某提出抗辩，表示钱某仅仅是名义出借人，原告主体资格不合格，如图10-1所示。

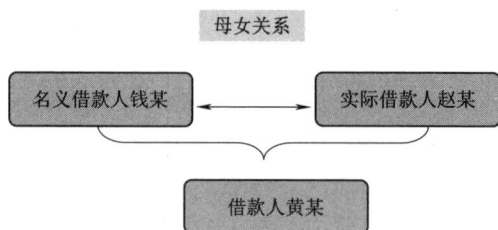

图 10-1　案例关系图

法院认为，根据相关法律规定自然人之间的借贷合同一般为实践合同，借贷双方间是否形成借贷关系，除对借款标的、数额、偿还期限等内容意思表示一致外，还要求出借人将货币或其他有价证券交付给借款人，这样借贷关系才算正式成立。本案中，鉴于钱某和黄某不具备"借"与"贷"的事实，不存在"借"与"贷"的合意，因而钱某和黄某之间不存在民间借贷法律关系，根据《最高关于审理民间借贷案件适用法律若干问题的规定》第二条"被告对原告的债权人资格提出有事实依据的抗辩，人民法院经审理认为原告不具有债权人资格的，裁定驳回起诉"之规定，钱某不是实际出借人，不具有债权人主体资格，被告黄某提出的钱某原告主体资格不合格的抗辩意见成立，应裁定驳回钱某的起诉。

据此，法院依法裁定驳回了钱某的起诉。裁定书送达后，原被告均服判息诉。

10.1.3　格式条款的陷阱

1. 什么是格式条款

《民法典》第四百九十六条规定：格式条款是当事人为了重复使用而预先拟定，并在订立合同时未与对方协商的条款。根据我国《民法典》的相关规定，如果当事人对格式条款的理解出现不一致，首先应当按照通常理解来解释，如果有两种以上的解释，应当作出不利于提供格式条款一方的解释。

2. 案例分析

案情：20×2年9月3日，原告肖某将一卷拍有原告肖某、刘某伟举行婚礼活动的富士牌彩色胶卷交给旭光彩色扩印服务部（以下简称彩扩部）冲印，并预交冲印费18元。彩扩部工作人员开出冲印单一张交给肖某，印单上事先印好了"如遇意外损坏或遗失，本店赔偿同类同号胶卷一卷或相当价值的现金"的字样。第二天，肖某去彩扩部取件时，被告知其胶卷暂时找不到，可能被他人误领，让原告等等再来。后肖某多次催要无果，为此要求被告赔偿损失。被告只愿按南京市摄影行业协会的规定，赔偿胶卷和退还预收费。肖某、刘某伟遂于20×3年4月4日向南京市秦淮区人民法院起诉，以被告将原告拍有结婚活动内容的胶卷遗失，给原告带来无法弥补的损失为理由，要求被告赔礼道歉，并赔偿精神损失5 000元。

彩扩部辩称：应按照南京摄影行业协会规定"如遇意外损坏或遗失，只赔同类同号胶卷"，退赔原告富士牌彩色胶卷一盒和预收的18元冲印费。

法院经审理认为：原告委托被告冲扩胶卷并预付费用18元，被告应按约定完成原告委托的事项，被告因过失将胶卷遗失，应赔偿原告同类胶卷或相应的价款，退还冲扩预收费用。因原告胶卷所拍摄的内容系结婚纪念活动，胶卷的遗失确给原告带来无法弥补的损失。如按摄影行业协会规定，只赔偿胶卷和退还预收费，有悖于《中华人民共和国民法通则》和《中华人民共和国消费者权益保护法》的立法精神，显失公平。在开庭审理中，被告认识到遗失胶卷的行为，不仅给消费者财产造成一定的损失，更重要的是给消费者精神上造成了一定损害，愿意给予经济补偿。经法院调解，原告、被告达成如下协议：被告自愿赔偿原告一卷胶卷的价款及补偿原告共482元，退还原告冲扩预付费18元。

（资料来源：李永军著《非财产性损害的契约性救济及其正当性》）

评析：当原告将胶卷连同18元冲扩费一同交给被告时，意味着原告已向被告冲扩部发出了订立加工承揽合同的要约。18元冲扩费实际上是加工承揽合同的预付款，当被告冲扩部接受胶卷和18元预付款后，开具了冲印单，实际上就是被告向原告作出的承诺。因此，原被告之间的加工承揽合同经过要约和承诺阶段后已经成立，被告就负有义务，按照约定完成这一加工任务，在完成加工任务期间，被告应对原告交付的胶卷负妥善保管义务，然而，本案被告由于保管不善将胶卷丢失，应负责赔偿。因此，本案被告应负违约责任赔偿损失是无异议的。但有异议的是，南京摄影行业协会"如遇意外损坏或遗失，只赔同类同号胶卷"之规定，能否作为本案赔偿的依据？该条款的规定是否具有法律拘束力？实际上，这个问题涉及合同法领域的一个重大问题，即标准合同的成立及生效问题。

就本案而言，摄影行业协会的上述条款已规定于原被告所订立的加工承揽合同中，已成为该标准合同的一个条款，而且原告在订立该合同时并未就该条款表示异议，而且在当时的情况下她也无法表示异议，这表明原被告之间的合同关系已经成立，但是，合同的成立不等于合同生效。就本案而言，尽管摄影行业协会的上述条款已经写入了原被告的合同，但该条款因不符合民事法律行为的生效要件而不能生效。

3. 在哪些情况下格式条款无效

（1）一方以欺诈、胁迫的手段订立合同，损害国家利益。

（2）恶意串通，损害国家、集体或者第三人利益。

（3）以合法形式掩盖非法目的。

（4）损害社会公共利益。

（5）违反法律、行政法规的强制性规定。

（6）提供格式条款一方不合理地免除或者减轻其责任、加重对方责任、限制对方主要权利。

（7）提供格式条款一方排除对方主要权利。

10.1.4 报价中的风险

1. 合同价格风险

一般认为，合同价格条款作为买卖合同的必备条款。如果没有约定，又无法重新协商达成一致，则可能导致合同的无效或者无法履行，产生合同纠纷。例如合同双方当事人在合同中简单约定合同价格以市场价格确定，而当事人双方处于不同的区域，则产品的市场价格可能差别很大。如果没有明确是买方所在地或卖方所在地的市场价格，则必然带来合同纠纷的隐患。

在签订时要特别注意以下几个细节。

（1）数字或货币单位出现错误，大小写不一致。

（2）上下文对价款的约定不一致。

（3）未约定使用的币种，特别是涉外合同。

（4）支付方式不合理：作为买方时，支付的预付款比例过高，发货前付清全款、未留存质保金等。

2. 案例分析

某建筑工程采用邀请招标方式。业主在招标文件中要求：项目在 21 个月内完成；采用固定总价合同；无调价条款。

承包商投标报价 364 000 美元，工期 24 个月。在投标书中承包商使用保留条款，要求取消固定价格条款，采用浮动价格。但业主在未同承包商谈判的情况下发出中标函。同时指出：经审核发现投标书中有计算错误，多算了 7.730 美元。业主要求在合同总价中减去这个差额，将报价改为 356 270（即 364 000－7.730）美元；同意 24 个月工期，坚持采用固定价格。

承包商答复为：如业主坚持固定价格条款，则承包商在原报价的基础上再增加 75 000 美元，既然为固定总价合同，则总价优先，计算错误 7.730 美元不应从总价中减去，则合同总价应为 439 000（即 364 000＋75 000）美元。

在工程中由于工程变更，使合同工程量又增加了 70 863 美元。工程最终在 24 个月内完成。结算时，业主坚持按照改正后的总价 356 270 美元并加上工程量增加的部分结算，即最终合同总价为 427.133 美元。

而承包商坚持总结算价款为 509 863（即 364 000＋75 000＋70 863）美元。最终经中间人调解，业主接受承包商的要求。

对本案的几点分析：

（1）承包商保留条款，业主可以在招标文件，或合同条件中规定不接受任何保留条款，则承包商保留说明无效。否则业主应在定标前与承包商就投标书中的保留条款进行具体商谈，作出确认或否认，不然会引起合同执行过程中的争执。

（2）对单位合同，业主是可以对报价单中数字计算的错误进行修正的，而且在招标文件中应规定业主的修正权，并要求承包商认可修正后的价格。但对固定总价合同，一般不能修正，因为总价优先，业主是确认总价。

（3）当双方对合同的范围和条款的理解明显存在不一致时，业主应在中标函发出前进行澄清，而不能留在中标后商谈。

> 评析：工程类合同有两种报价方式，固定总价合同和单价合同有时在形式上很相似。固定总价合同是总价优先，承包商报总价，双方商讨并确定合同总价，最终按总价结算。通常只有设计变更，或符合合同规定的调价条件（例如法律变化），才允许调整合同价格。固定总价合同在招标投标中就与单价合同的处理有区别。对于固定总价合同，承包商要承担两个方面的风险：一是价格风险，包括报价计算错误；漏报项目；二是工作量风险，包括工作量计算的错误。
>
> 对固定总价合同，业主有时也给工作量清单，有时仅给图纸、规范让承包商算标。承包商必须对工作量作认真复核和计算。如果工作量有错误，由承包商负责；由于工程范围不确定或预算时工程项目未列全造成的损失。对固定总价合同，如果业主用初步设计文件招标，让承包商计算工作量报价，或尽管施工图设计已经完成，但标期太短，承包商无法详细核算，通常只有按经验或统计资料估算工作量。这时承包商处于两难的境地：工作量算高了，报价没有竞争力，不易中标；算低了，自己要承担风险和亏损。在实际工程中，这是一个采用固定总价合同带来的普遍性的问题，在这方面承包商损失常常很大。

10.1.5 签字盖章不规范的风险

1. 关于"签字盖章"和"签字或盖章"的理解

合同是当事人真实意思表示的外在表现形式，合同证明意思表示真实的方式主要包括当事人在合同上签字、盖章等形式。于是签字、盖章也就成为签订合同的法定方式。然而另一个更加古老的表现当事人意思表达的方式，却迟迟没能纳入签订合同的法定方式，这就是按手印（或称"摁手印""按指印"等）。那么民法典中签名或盖章合同有效吗？

根据我国《民法典》的相关规定，当事人采用合同书形式订立合同的，自当事人均签名、盖章或者按指印时合同成立。按指印直接和签字、盖章签订合同的方式并列，成为法定的签订合同的方式。所以来说，签字、盖章和按指印平起平坐、平分秋色，构成了签订合同方式"三分天下"的局面。

参见《民法典》第四百九十条【合同成立时间】当事人采用合同书形式订立合同的，自当事人均签名、盖章或者按指印时合同成立。在签名、盖章或者按指印之前，当事人一方已经履行主要义务，对方接受时，该合同成立。法律、行政法规规定或者当事人约定合同应当采用书面形式订立，当事人未采用书面形式但是一方已经履行主要义务，对方接受时，该合同成立。

《民法典》第五百零二条第一款规定："依法成立的合同，自成立时生效，但是法律另有规定或者当事人另有约定的除外"。

2. 案例分析

2014年5月，赵某向秦某借款18万元，秦某手写了一式两份借款协议，约定借款时间为3个月，担保人韩某为该笔借款提供担保，保证期间为3个月，秦某持有的借款协议书上注明借款协议书签订日期为2014年5月15日，赵某持有的借款协议书上签订日期为2014年5月5日。2014年5月15日，秦某交付赵某借款后，赵某未按照协议约定偿还借款。2014年8月14日，秦某起诉到法院，请求法院判令赵某偿还借款18万元，韩某承担连带偿还责任。

泗洪法院审理后认为，赵某向秦某借款属实，依法应承担借款偿还责任。韩某为该笔借款提供担保是韩某真实的意思表示，依法应当承担连带保证责任。但借款人赵某持有借款协议上借款日期为2014年5月5日，赵某与秦某签订借款合同的时间和韩某与赵某、秦某之间保证合同成立时间均应当认定为2014年5月5日。虽然秦某实际交付赵某借款时间为2014年5月15日，借款合同履行期限发生变动，但未经保证人韩某书面同意，保证期间仍为原借款协议约定的期间，即从借款之日2014年5月5日起计算至2014年8月5日。秦某于8月14日提起诉讼，已经超过了保证期间，且未提交证据证明其在保证期间内曾要求被告韩某承担保证责任，依法应当免除韩某的保证责任。遂判令赵某偿还秦某借款，对秦某主张韩某承担连带偿还责任的请求依法不予支持。

法官说法：签订书面合同要尽量使用打印件，保证合同的一致性。秦某主张赵某持有的借款协议日期为5月5日为笔误，实际合同成立时间为5月15日。因秦某是借款协议出具人，存在其在借款协议上篡改日期的可能性，且该主张不能对抗赵某持有借款协议日期为5月5日的事实，故法院认定保证合同成立时间为2014年5月5日，驳回秦某要求韩某承担连带偿还责任的诉讼请求。

10.2 | 合同管理流程设计

公司的经营活动离不开合同，合同的签订离不开审批，抛开审批谈合同管理将显得很空洞，但是在合同管理中，仅仅有合同审批流程是不够的，审批是过程，而合同管理系统则是承载这个过程的结果，如何设计通用且适用与自身企业文化的合同管理系统则显得很重要。本书从合同管理系统的价值出发做了梳理和总结。

1. 做好合同管理，先确定好三个基础信息

第一，明确合同管理的范围。企业的业务涉及面都是比较广的，不同的业务有不同的合同，如人事合同、采购合同、销售合同，等等。明确合同管理范围以后，我们就应该基于当前的业务和管理诉求来设计我们的合同管理系统。

管理范围不仅限于眼下发生过或正在发生的业务，因为合同管理是业务和管理的双方诉求，这个诉求会随着时间的推移发生变更。毕竟公司要发展，就会有更多的业务往来，而这些合作关系双方的权益和责任就是由合同进行约定。

第二，确定合同管理的价值核心。所有合同的价值核心最终都是通过数据来反映，也就是"财务"，通过数据的变化，可以反映出市场的变化，作出经营分析以及经营计划，合同中约定的财务信息包括合同金额、税率、税额、运费、收付款时间及条件，我们需要将这些信息拆分出来，进行单独管理。

第三，合同管理价值体现方式。有了范围和价值核心，就通过什么方式来体现呢？那就是"台账"或者"报表"。这是实施合同管理流程的关键环节，业务的及时反映，可以更加保证资产和运营的案例。

2. 合同管理流程的设计

（1）合同管理流程从大的方面可以划分为合同订立阶段和合同履行阶段。合同订立阶段包括合同调查、合同谈判、合同文本拟定、合同审批、合同签署等环节；合同履行阶段涉及合同履行、合同补充和变更、合同解除、合同结算、合同登记等环节。

（2）合同各环节的设计要点：

①合同调查。合同订立前，企业应当进行合同调查，充分了解合同对方的主体资格、信用状况等有关情况，确保对方当事人具备展约能力。

● 包括被调查对象的身份证件、法人登记证书、资质证明、授权委托书等证明原件，必要时，可通过发证机关查询证书的真实性和合法性，在充分收集相关证据的基础上评价主体资格是否恰当。

● 获取调查对象相关财务信息，分析其获利能力、偿债能力和营运能力，评估其财务风险和信用状况，并在合同履行过程中持续关注其资信变化，建立和及时更新合同对方的商业信用档案。

● 对被调查对象进行现场调查，实地了解和全面评估其生产能力、技术水平、产品类别和质量等生产经营情况，分析其合同履约能力。

● 与被调查对象的主要供应商、客户、开户银行、主管税务机关和工商管理部门等沟通，了解其生产经营、商业信誉、履约能力等情况。

②合同谈判。初步确定准合同对象后，企业内部的合同承办部门将在授权范围内与对方进行合同谈判，按照自愿、公平原则，磋商合同内容和条款，明确双方的权利义务和违约责任。关注合同核心内容、条款和关键细节，具体包括合同标的的数量、质量或技术标准，合同价格的确定方式与支付方式，履约期限和方式，违约责任和争议的解决方法、合同变更或解除条件等。

③合同拟定。文书的起草一般由业务承办部门起草，法律部门审核，重大合同或法律关系复杂的特殊合同应当由法律部门参与起草。国家或行业有合同示范文本的，可以优先选用但对涉及权利义务关系的条款应当进行认真审查，并根据实际情况进行适当修改。各部门应当各司其职，保证合同内容和条款的完整准确。通过统一归口管理和授权审批制度，严格合同管理，防止通过化整为零等方式故意规避招标的做法和越权行为。

由签约对方起草的合同，企业应当认真审查，确保合同内容确实反映企业诉求和谈判达成的一致意见，特别留意"其他约定事项"时注明"此处空白"或者"无其他约定"，防止后期合同被篡改。

（3）合同审核。

建立会审制度，对影响重大或法律关系复杂的合同文本，组织财会部门、内部审计部、法律部、业务关联的相关部门进行审核，内部相关部门应当认真履行职责。慎重对待审核意见认真分析研究，慎重对待，对审核意见准确无误地加以记录，必要时对合同条款作出修改并再次提交审核。

（4）合同签署。企业经审核同意签订的合同，应当与对方当事人正式签署并加盖企业合同专用章。该环节的主要风险是：超越权限签订合同，合同印章管理不当，签署后的合同被篡改，因手续不全导致合同无效等。

（5）合同订立后，企业应当与合同对方当事人一起遵循诚实信用原则，根据合同的性质、目的和交易习惯履行通知、协助、保密等义务。强化对合同履行情况及效果的检查、分析和验收，全面适当执行本企业义务，敦促对方积极执行合同，确保合同全面有效履行。

（6）合同结算。合同结算是合同执行的重要环节，既是对合同签订的审查，也是对合同执行的监督，一般由财会部门负责办理。财会部门应当在审核合同条款后办理结算业务，按照合同规定付款，及时催收到期欠款。未按合同条款履约或应签订书面合同而未签订的，财会部门有权拒绝付款，并及时向企业有关负责人报告。

（7）合同登记。合同登记管理制度体现合同的全过程封闭管理，合同的签署、履行、结算、补充或变更、解除等都需要进行合同登记。合同管理部门应当加强合同登记管理，充分利用信息化手段，定期对合同进行统计、分类和归档，详细登记合同的订立、履行和变更、终结等情况，合同终结应及时办理销号和归档手续，以实行合同的全过程封闭管理。建立合同文本统一分类和连续编号制度，以防止或及早发现合同文本的遗失。合同管理流程如图 10-2 所示。

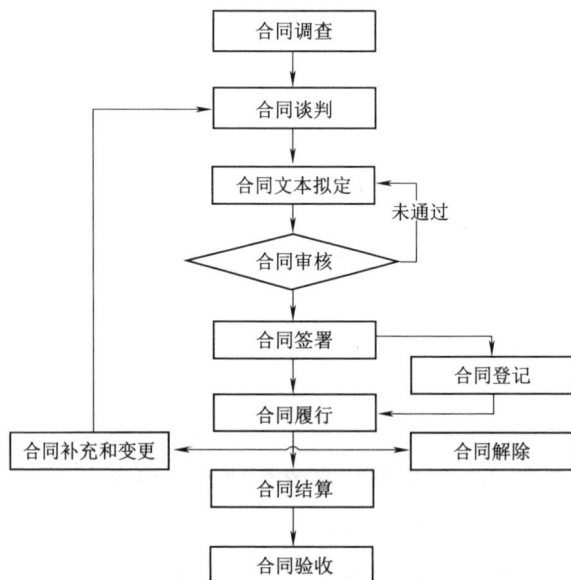

图 10-2　合同管理流程图

10.3 合同的保管

合同保管及归档处理的关键在于避免发生丢失，以保证后期发生矛盾和纠纷时，可以按照合同条款的规定来进行举证处理。用人单位应当明确专门人员对合同进行管理，并按照归档的相关制度建立秩序，避免合同损失的情况发生。

1. 合同保管及归档制度的要求

（1）合同文档管理可以以年代结合项目性质进行分类编号。

（2）保存的合同文档每半年清理核对一次，如有遗失、损毁，要查明原因，及时处理，并追究相关人员责任。

（3）合同管理组加强对合同档案的统计工作，要以原始记录为依据，编制合同统计清单。

（4）合同管理组应根据实际需要编制合同档案检索工具，以便有效地开展合同文档的查询、利用工作。

（5）各分公司、各部门员工可在合同档案管理组查阅合同文档，确因工作需要须借出查阅，须经分公司、部门主管领导签字同意后，方可在合同管理组办理相关借阅手续，以影印件借出。合同原件无特殊情况不得外借。

（6）合同文档的保存条件：防火，防潮。

（7）合同文档必须专人负责管理。

2. 突出的依据凭证性

依据凭证性，是合同档案最突出也是重要的特点，意思是说依法订立的合同对当事人具有法律的约束力。合同的订立、生效、履行、变更以及权利义务的转让、终止、违约、责任等等，都必须完全地、唯一地依据合同档案，否则，就要承担由此产生的法律后果。由于具有这一作用，在市场经济体制下，合同档案是维护当事人合法权益的最直接、最有效的手段之一。这个特点需要引起广大经营者、管理部门及档案工作者的重视。

3. 形式与内容的规范性程序较高

合同要对当事人有法律的约束力，其自身必须具备法律规定的许可性，即对于合同本身是否具有法律效力，法律规定了特定的形式，不具备法律所要求的特定形式，该合同就不具有法律效力，视为无效合同。

4. 时效性

《民法典》对合同的要约、承诺、履行及争议，以及合同的效力、当事人权力、义务的存在与消灭等均有所规定，可以说时效性贯穿于合同始终。

本章小结

合同是商品交换在法律上的表现形式，是当事人之间设立、变更、终止民事关系的协议。依法成立的合同，受法律保护。经济业务成立的形式要件，对缔约双方均有约束力。随着经济的发展，合同里的内容也更加强调用词的专业性，在关键词上一字之差，真可谓是"失之毫厘，谬以千里"。所以合同最好请专业的律师和税务师共同把关，以提前规避缔约风险。

第 11 章

年度税收风险的评估

　　企业税务风险管理是企业风险管理的分支，企业的各项活动均会导致相应的会计核算，而会计核算的方法直接导致企业税务核算，因此，税务风险的管理，也就是企业内部控制中对于税务方面的管理。税务风险由于没有遵循税法可能遭受的法律制裁、财务损失或声誉损害。

　　企业税务风险主要包括两方面：一方面是企业纳税行为不符合税收法律法规规定，应纳税而未纳税、少纳税，从而面临补税、罚款、加收滞纳金、刑罚处罚及声誉损害等风险；另一方面是企业经营行为适用税法不准确，没有充分利用有关优惠政策，多缴纳税款，承担不必要的税收负担。

11.1 ┃ 查看财务报表数据

　　2014 年 9 月 15 日，国家税务总局以税总发〔2014〕107 号印发《关于税务行政审批制度改革若干问题的意见》（以下简称《意见》）。该《意见》分持续推进税务行政审批制度改革、严格实行税务行政审批目录化管理、认真落实税务行政审批制度改革相关配套措施、坚持放管结合强化事中事后管理、加强组织领导狠抓工作落实五部分十六条。

　　此《意见》从表面上看是给企业"松绑"，让流程走得更快，但实际隐藏的风险是税务主管部门不做事前的确认，一旦企业自己确认错误，则将涉及补税、滞纳金的情况，严重的将涉及行政处罚、偷逃税款等情形。

2021年，随着"金税四期"全电发票管理的实施，税务主管更是加大对税收监管力度。那什么是"全电发票"？简单地说就是发票从开具、报销、入账，然后档案、储存，整个流程全部都是电子化的。"金税四期"可以说标志着我国的税务监管，从"以票管税"进入了"以数治税"的时代。业务通过发票载体来记录，发票的信息最终以企业的财务报表体现，并通过纳税申报系统上传到税务局终端。

那财务报表上会有哪些涉税风险呢？见表11-1、表11-2。

表 11-1　财务报表指标涉税风险

资产负债表	增值税申报表	预警值	合理范围	风险导向	检查重点
货币资金、存货	增值税专用发票用量变动异常	发票增量＝本月增值税专用发票使用量－上月增值税专用发票使用量	开具增值税专用发票超过上月30%并超过上月10份以上	增值税专用发票用量骤增，除正常业务变化外，可能有虚开现象	检查纳税人的购销合同是否真实，检查纳税人的生产经营情况是否与签订的合同情况相符，并实地检查存货等。主要检查存货、货币资金、应收账款等科目。对于临时增量购买专用发票的还应重点审查合同履行情况
应收款项、预收账款	进项税额变动率高于销项税额变动率	进项差变动比＝（进项税额变动率－销项税额变动率）÷销项税额变动率	＜10%	进项税额变动率高于销项税额变动率，纳税人可能存在少计收入或虚抵进项税额	检查纳税人的购销合同是否真实，是否存在销售已实现，而收入却长期挂在"预收账款""应收账款"科目。是否存在虚假申报抵扣进项税问题

资产负债表	增值税申报表	预警值	合理范围	风险导向	检查重点
进项税额大于进项税额控制额	进项税额大于进项税额控制额	指标值＝（本期进项税额÷进项税额控制额－1）×100%；进项税额控制额＝本期外购货物金额×本期外购货物税率÷本期运费进项税额合计	<10%	申报进项税额大于进项控制额，则可能存在虚抵进项，应核查纳税人购进固定资产是否抵扣；非应税及福利、非常损失是否进项转出；是否存在取得虚开的专用发票和其他抵扣凭证问题	检查纳税人"在建工程""固定资产"等科目变化，是否存在不符合抵扣标准的固定资产发生抵扣。结合"营业外支出""待处理财产损溢"等科目的变化，是否将存货损失转出进项税额；检查存货收发记录，确定用于非应税项目是否作进项转出；检查是否存在将外购存货用于福利、消费、赠送等而未转出进项税额问题
利润表	增值税申报表	预警值	合理范围	风险导向	检查重点
主营业务收入	一般纳税人税负变动异常	税负变动率＝（本期税负－上期税负）÷上期税负×100%；税负＝应纳税额（应税销售收入）×100%	±30%	纳税人自身税负变化过大，可能存在账外经营、已实现纳税义务而未结转收入、取得进项税额不符合规定、享受税收优惠政策期间购进货物不取得可抵扣进项税额发票或虚开发票等问题	检查纳税人的销售业务，从原始凭证到记账凭证、销售收入、应收账款、货币资金、存货等将本期与其他各期进行比较分析，对异常变动情况进一步查明原因，以核实是否存在漏记、隐瞒或虚记收入的行为。检查企业固定资产抵扣是否合理、有无将外购的存货用于福利、消费、投资、捐赠等情况

利润表	增值税申报表	预警值	合理范围	风险导向	检查重点
运费	运费发票抵扣进项比	运费进项抵扣比＝运费发票抵扣进项÷当期进项税额×100%	运费进项抵扣比超过10%或月单笔抵扣进项税额超过20万元	纳税人可能存在取得虚开、虚假或不合规的运费发票抵扣进项税额及虚列费用的问题	实地核实纳税人生产能力、库存商品的情况、核实购进业务的真实性，对运费发票的里程、单价、行程询问并判断其合理性，检查支付款项

表 11-2　重点关注的指标科目

资产负债表项目（增减额或增幅）	利润表项目（增减额或增幅）
资产总额	销售总额
货币资金、应收账款、预收账款	主营业务收入
存货、预付账款、应付账款	主营业务成本
固定资产、累计折旧、在建工程	主营业务收入、主营业务成本
其他应收款、其他应付款	投资收益、期间费用

说明：

（1）若资产总额增加而销售总额减少的，同时其他应付款增加，对应存货大幅增加的，可能存在账外销售、延期确认销售问题，见表11-3不同税种视同销售的情形。

（2）增减幅度变化不协调，可能存在主营业务收入误差，结合现金流量表变化，分析企业税收变化趋势。

（3）在生产正常，市场价格变化不大的情况下，若原材料借方发生额变化太大，应实地盘点并核查增值税进项税额；若贷方发生额变化较大，在考虑生产周期的情况下，产出没有大的变化，可能存在企业改变原材料用途，而未做进项税额转出。

（4）如果销售数量增加，价格变化不大，销售收入却不增反降，应重点分析。如果销售数量变化不大，而结转销售成本有大的变化，应重点分析。具体规定见表11-4。

（5）若生产能力增加，而产品数量和收入却没有增加，应考虑是否存在成本核算不准确或人为调节利润的可能。往往存在账外收入、账外投资和账外资金拆借的情况。

（6）将可能存在的问题与现金流量表相关项目进行印证与检视。

表 11-3　不同税种视同销售的情形

"视同销售"会计处理与税法规定差异事项	会计处理	增值税确认	企业所得税确认
1. 将货物交付他人代销	确认收入	视同销售，核算销项税额	销售，征税
2. 销售代销货物	确认收入	视同销售，核算销项税额	销售，征税
3. 设立两个以上机构并实行统一核算的纳税人，将货物从一个机构移送其他机构用于销售，相关机构设在同一个县市的除外	不确认收入	视同销售，核算销项税额	不视同销售，不征税
4. 将自产或者委托加工的货物用于非应税项目	不确认收入	视同销售，核算销项税额	不视同销售，不征税
5. 将购买的货物分配给股东或者投资者	确认收入	视同销售，核算销项税额	销售，征税
6. 将购买的货物作为投资提供给其他单位或者个体经营者	确认收入	视同销售，核算销项税额	销售，征税
7. 将购买的货物无偿赠送他人	不确认收入	视同销售，核算销项税额	销售，征税
8. 将自产、委托加工的货物作为投资，提供给其他单位或者个体经营者	确认收入	视同销售，核算销项税额	销售，征税
9. 将自产、委托加工的货物分配给投资者或者股东	确认收入	视同销售，核算销项税额	销售，征税
10. 将外购的货物作为非应税项目	不确认收入	不视同销售，进项税额转出	销售，征税
11. 将外购的货物作为集体福利或者个人消费	不确认收入	不视同销售，进项税额转出	不视同销售，不征税
12. 将自产、委托加工的货物用于职工福利、集体福利	确认收入	视同销售，核算销项税额	销售，征税
13. 将自产、委托加工的货物无偿赠送他人	不确认收入	视同销售，核算销项税额	销售，征税
14. 将本企业生产的产品用于市场推广、交际应酬	不确认收入	视同销售，核算销项税额	销售，征税

表11-4 成本费用异常指标判断

会计报表	所得税申报表	预警值	合理范围	风险导向	检查重点
主营业务成本	主营业务收入成本率异常	收入成本差异率＝（收入成本率－本市行业收入成本率）÷本市行业收入成本率	工业±20%	主营业务收入成本率明显高于同行业平均水平的，应判断为异常，需查明纳税人有无多转成本或虚增成本	检查企业原材料的价格是否上涨，企业是否有新增设备或设备出现重大变故以致影响产量等
主营业务收入			商业＋10%		检查企业原材料结转方法是否发生改变，产成品与在产品之间的成本分配是否合理，是否将在建工程成本挤入生产成本等问题
往来款项	主营业务收入费用率异常	收入费用差异率＝（收入费用率－本市行业收入费用率）÷本市行业收入费用率	工业＋20%	主营业务收入费用率明显高于同行业平均水平的，应判断为异常，需查明纳税人有无多提、多摊相关费用，有无将资本性支出一次性在当期列支	检查"应付账款""预收账款"等科目的期初期末数进行分析。如"应付账款""其他应付款"出现红字和"预收账款"期末大幅度增长等情况，应判断可能存在少计收入
长短借款					
期间费用	收入利润率异常	利润差异率＝（收入利润率－本市平均收入利润率）÷本市平均收入利润率	商业＋10%	收入利润率明细低于平均水平，应判断为异常，需要查明纳税人有无少列收入，多列支出；收入利润率明显高于平均水平，也应判断为异常，需要查明纳税人是否享受减免税优惠政策，有无利用免税企业转移利润	检查纳税人期间费用的增长情况，是否存在外购存货用于福利、赠送，是否存在返利而未冲减进行税额；对企业短期借款、长期借款的期初、期末数据进行分析，是否存在基建贷款利息挤入当期财务费用等问题，以判断有关财务费用是否资本化，同时要求纳税人提供相应的举证资料
主营业务收入					

会计报表	所得税申报表	预警值	合理范围	风险导向	检查重点
期间费用 主营业务 成本	成本费用 率异常	指标值＝（成本费用率－本市平均成本费用率）÷本市平均成本费用率	—	成本费用率明显高于行业平均水平，应判断为异常，需要查明纳税人有无多提、多摊相关费用，有无将资本性支出一次性在当期列支	检查纳税人原材料结转方法是否发生改变，产成品于在产品之间的成本分配是否合理，是否将在建工程成本挤入
			—	成本费用率明显低于行业平均水平，也应判断为异常，需要查明纳税人有无多转成本或虚增成本	—
累计折旧	固定资产综合折旧率变动异常	指标值＝（本期综合折旧率－基期综合折旧率）÷基期综合折旧率	＜20％	固定资产综合折旧变动率在20%以上的，应判断为异常，需查明纳税人有无改变固定资产折旧方法，多提折旧	—
无形资产 摊销	无形资产综合摊销率变动异常	指标值＝（本期综合摊销率－基期综合摊销率）÷基期综合摊销率	＜20％	无形资产综合摊销变动率在20%以上的，应判断为异常，需查明纳税人有无改变无形资产摊销方法，多摊销	—
成本费用	高比例出口的亏损企业	出口销售比＝出口销售额÷总销售收入×100%	＞50％且会计利润＜0	企业出口销售比例大于50%且亏损的，可能存在外销定价偏低或多列成本、费用等问题	—

11.2 查看纳税申报系统

　　纳税申报是企业按照相关税法规定，向税务机关提交纳税事项书面报告的行为，是履行纳税义务、承担法律责任的主要依据。但不少企业因无业务无收入，应纳税额为零，没有达到缴纳税款的标准等，认为纳税申报实属没有必要的行为。税务提醒，不管企业是否有收益，纳税申报都要办理。企业在纳税申报期内没有发生应税收入，同时也没有应纳税额的情况，可向税务机关申请税务零申报，并注明企业当期无应税事项，见表11-5。

表 11-5　发票与税务风险

增值税发票			企业所得税税前扣除发票		
进项税额（抵扣）	收到假专用发票	恶意取得	假发票		不能税前扣除
		善意取得	无发票		发票不是唯一的税前扣除凭证
	收到真专用发票	保管不善	真发票	真实性	发票必须真实、业务必须真实（合同、付款单、签收单、名册等）
		逾期认证		相关性	区分个人消费与企业经营（发票名称、货物劳务具体内容）
		不应抵进项税额（非应税、工程、福利等）		合理性	法定的和非法定的限额，作价必需公允（关联方货物劳务）
	非专用发票抵扣凭据	真实合法性	—		
销项税额（收入）	应开票的不开票	隐匿账外收入	税前扣除发票特例		
	开了不应开的票	发票使用不规范行业	跨期收到发票		在汇算清缴期内取得发票的，成本费用可以在当年税前扣除
	开票但开得不对	开票内容不合要求（包括红票）	善意取得增专票		不能抵增值税进项，但能在企业所得税扣除

11. 2. 1　是否存在漏报

如何知道企业是否存在漏报税呢？国家推行"放管服"的营商环境，每个月税务主管都会在纳税申报期结束前，由专管员提醒财务人员及时进行纳税申报，"国家电子税务局"网络申报平台登录企业操作端后，也有消息提示企业未申报缴纳的税种，企业都可以通过这两个渠道来及时完成纳税申报工作。

但需要特别注意的是，由于个人所得税的"工资薪金"和"个人经营所得"是单独的"自然人纳税申报"系统，不在电子税务局里，需要特别注意登录软件里去看是否有完成本期的纳税申报工作。

11. 2. 2　财务报表是否已按要求上传

财务报表应及时填写上报税务系统。此工作的完成有利于增加我们的企业纳税信用评级，未来信用将比黄金贵，所以做好纳税申报，财务数据的及时上传都是企业良好信用的表现，现在银税互通，银行可以通过税务推送的纳税申报数据，给有资金需求的中小微企业提供低利率的信用贷款，大大降低企业的经营压力，这也是我国近两年来受疫情影响，国家支持中小微企业发展的重要举措。

参见：（1）2022 年 1 月 13 日，经国务院同意，市场监管总局印发《关于推进企业信用风险分类管理进一步提升监管效能的意见》（以下简称《意见》），在市场监管系统全面推进企业信用风险分类管理，从而进一步优化监管资源配置，提升监管效能，推动构建信用导向的营商环境，实现高质量发展。

（2）为深入贯彻落实国务院"放管服"改革精神，优化税收营商环境，完善纳税信用体系，税务总局发布了《关于纳税信用管理有关事项的公告》（国家税务总局公告 2020 年第 15 号），推出四项优化纳税信用管理的措施，概括为"两增加，两调整"，即增加非独立核算分支机构自愿参与纳税信用评价、增加纳税信用评价前指标复核机制，满足纳税人合理需求；调整纳税信用起评分的适用规则、调整 D 级评价保留 2 年的措施，适当放宽有关标准。通过以上措施帮助纳税人积累信用资产，促进税法遵从。

11.3 查询费用类科目看发票的合规性

根据《中华人民共和国企业所得税年度纳税申报表》A105000《纳税调整项目明细表》（见表 11-6）的填报要求，我们需要先把会计账面上的相关费用进行梳理，检查和统计。主要有三种情况将会涉及会计账面上的成本费用不能在企业所得税前扣除：一是如果费用是计提的，在年度企业所得税汇算清缴申报前仍未收到计提费用的发票，则这部分费用不能在税前扣除；二是超过税法税前扣除标准的成本费用，超过税法规定部分不能在企业所得税前扣除；三是收到成本费用不符合税法规定，开具的不规范，开具发票具体要求可参考本书第 9 章的内容。

以上三种情况在企业所得年度纳税申报时都应该做"纳税调增"处理，见表 11-6。

表 11-6　纳税调整项目明细表

A105000

行次	项　　　目	账载金额	税收金额	调增金额	调减金额
		1	2	3	4
12	二、扣除类调整项目（14+14+···24+26+27+28+29+30）	＊	＊		
13	（一）视同销售成本（填写 A105010）	＊		＊	
14	（二）职工薪酬（填写 A105050）				
15	（三）业务招待费支出				＊
16	（四）广告费和业务宣传费支出（填写 A105060）	＊	＊		
17	（五）捐赠支出（填写 A105070）				
18	（六）利息支出				
19	（七）罚金、罚款和被没收财物的损失			＊	＊
20	（八）税收滞纳金、加收利息			＊	＊
21	（九）赞助支出			＊	＊
22	（十）与未实现融资收益相关在当期确认的财务费用				
23	（十一）佣金和手续费支出				＊
24	（十二）不征税收入用于支出所形成的费用	＊	＊		＊

行次	项　　目	账载金额	税收金额	调增金额	调减金额
		1	2	3	4
25	其中：专项用途财政性资金用于支出所形成的费用（填写 A105040）	*	*		*
26	（十三）跨期扣除项目				
27	（十四）与取得收入无关的支出		*		*
28	（十五）境外所得分摊的共同支出	*	*		*
29	（十六）党组织工作经费				
30	（十七）其他				

11.4　查询往来类科目看有无错挂、重挂

往来科目主要包括对应收账款、其他应收款、预付账款和应付账款、其他应付款、预收账款等。由于企业内部财务人员的更换，且每个财务人员又有自己的核算习惯。比如，有的财务人员只按科目定义进行会计核算，只要是先收款未开票就挂"预收账款"，而未收款已开票的就挂"应收账款"，从会计科目的定义出发进行会计核算从本质上并没有错，但这样也造成了客户数据统计难，查账时不明晰，不便于提供管理信息。如果将客户的账款管理统一归到一个科目名下进行核算，如果企业的业务大部分是赊销的，就通过"应收账款"核算，如果是先收款后发货则通过"预收账款"核算，最后通过借贷方余额来区分是应收还是预收，这样也能与报表反映数据做到一致性。

那年底做企业所得税汇算清缴的时候我们应该重点关注哪类跟往来有关的业务呢，以避免后期有可能发生的一些税务风险。

1. 逾期的应收账款

为了进一步深化税务系统"放管服"改革，简化企业纳税申报资料报送，减轻企业办税负担，现就企业所得税资产损失资料留存备查有关事项公告如下：

企业向税务机关申报扣除资产损失，仅需填报企业所得税年度纳税申报表——资产损失税前扣除及纳税调整明细表，不再报送资产损失相关资料。

相关资料由企业留存备查。

> (1)《国家税务总局关于企业所得税资产损失资料留存备查有关事项的公告》（国家税务总局公告 2018 年第 15 号）。
>
> (2)《国家税务总局关于发布〈企业资产损失所得税税前扣除管理办法〉的公告》（国家税务总局公告 2011 年第 25 号）中涉及出具专项报告的依然有效条款：
>
> 第二十三条 企业逾期三年以上的应收款项在会计上已作为损失处理的，可以作为坏账损失，但应说明情况，并出具专项报告。
>
> 第二十四条 企业逾期一年以上，单笔数额不超过五万或者不超过企业年度收入总额万分之一的应收款项，会计上已经作为损失处理的，可以作为坏账损失，但应说明情况，并出具专项报告。

2. 长期挂账的应付款项

根据《中华人民共和国企业所得税法》的规定：企业以货币形式和非货币形式从各种来源取得的收入，为收入总额，包括销售货物收入、提供劳务收入、转让财产收入、股息、红利等权益性投资收益、利息收入、租金收入、特许权使用费收入、接受捐赠收入、其他收入。其他收入包括企业资产溢余收入、逾期未退包装物押金收入、确实无法偿付的应付款项、已作坏账损失处理后又收回的应收款项、债务重组收入、补贴收入、违约金收入、汇兑收益等。

企业为什么会有长期挂账的应付款项？对方为何不要钱呢？年底要重点梳理一下应付账款挂账的原因，比如是否因为双方合同有异议或者纠纷，或者是存货或设备抵债，财务上还没处理？或者此笔业务就是未发生的虚假交易？税务部门肯定会重点关注金额巨大的应付账款，并究其来源的，看是否存在应计入收入的款项而挂在应付账款的现象。因此企业长期挂账确实无法偿付的应付款项应该记入营业外收入科目，在汇算清缴的时候缴纳企业所得税。

3. 个税手续费返还挂账

企业每年一般可以收到从税务部门返还的企业代扣代缴的个人所得税款 2% 的手续费，多数企业将这笔返还收入计入其他应付款科目。

参见：根据《财政部 国家税务总局 中国人民银行 关于进一步加强代扣代收代征税款手续费管理的通知》（财行〔2005〕365 号）应该单独核算，计入企业收入。

11.5 │ 分析毛利率、利润率、税负率

企业在正常经营的时候一定关注相关财务数据和经营数据之间的关系变化，比如在一个期间内，销售收入是多少，毛利是多少，利润又是多少，还是税负是多少，这些数据对企业的发展来说是非常重要。其中税负率能反映出一段时间内企业的纳税压力程度，这时就能反映纳税对企业经营活动造成的影响，再结合企业的财务现金流综合评估经营风险。

那毛利率、利润率、税负率又有哪些潜在的关系呢？

税负率通常是指增值税的税负率。增值税就是对产品的附加值所征收的税，即对产品的投入和产出差额而征收的税，相当于对毛利额征收的税，但税局很难确定和把握企业产品投入状况，就采取用增值税发票抵扣联在符合规定的情况下进行抵扣的措施。生产产品投入的部分材料、工资、费用不能取得增值税发票，也就不能抵扣。故以毛利额征收的增值税不等于实际缴纳的增值税，但是却有一定的联系：

毛利率＝（收入－成本）÷收入×100％

　　　＝税负率×增值税税率－不可抵扣税的成本÷收入

增值税税负率＝增值税税额÷收入×100％

　　　　　　＝毛利率－可抵扣税的成本÷收入×增值税税率

可以看出毛利率通常是大于税负率的。

利润率一般分税前利润率和税后利润率。税前利润率是指没有扣除企业所得税前的利润，财务上也叫"利润率"，税后利润率，即扣除企业所得税的净利润率。净利润＝利润总额×（1－所得税率），净利润是一个企业经营的最终成果，净利润多，企业的经营效益就好；净利润少，企业的经营效益就差，它是衡量一个企业经营效益的主要指标。

利润率＝毛利率－成本费用率

净利润率＝（毛利率－成本费用率）×（1－25％）

一般情况下随着利润率的上升，税负率也会上升；随着利润率的下降，税负率也会下降，两者呈现同方向变化的关系。但这个关系也不是一成不变的。由于行业特点不同，交税的方式不同，都将影响税负和利润的变化关系。比如房地产开发企业在前期开发阶段，只要有预收售房款就要预征相应的税款，此时的税负就有可能大于企业的利润率，到了后期可能利润出来了，整体的税负却又更低了，这是行业的特殊性所决定的，所以我们要结合行业、外部环境、企业实际的商业模式及同业的情况做出综合评价分析。

本章小结

目前，税收政策变化频繁，银行金融政策叠加管理，未来如何根据企业的赛道规划和制定出一套适合自己企业的税收管理策略，是现在越来越多中小企业会去思考的问题。将税务规划的理念和方法具体运用到企业战略与日常经营管理的各个环节，可以尽量降低企业的税收负担，节约企业的纳税成本，并且获得资本的青睐。

随着互联网、云计算等信息技术的蓬勃发展，一个全新的大数据时代已经来临，这给各行各业带来了前所未有的冲击，特别是"金税四期"全电时代的到来，更是给企业的适应性提出很大挑战。企业唯有夯实自身财务核算水平，用良性的发展替代原先"小口袋"思维，才能立稳于当下国家对实体企业的"放管服"政策。

企业创业初期，对商业模式还不是很明朗，股权架构设计简单，一旦业务增长快速，必然受关注的程度也更高，企业跟客户的黏性，供应商与企业之间的黏性，都是商业市场行为，受到国家相关法律制度的约束和规范，加强团队风险管理意识，尽量不触碰"税"这个底线，才是财富安全的根本保障。国家让企业年底税收清算，从另一个角度来说，是给企业对过去一年经营一次合规性调整的机会，以报代查，所以企业应加强自身的管理能力，做好数据管控。

下篇
实战案例

前面两篇，是公司规范经营的要素介绍，需要站在一个角度去思考企业的财务规范问题，知道了底层逻辑就相当于我们有了一个方向。接下来，我们就通过真实的案例与大家剖析企业经营活动中常见不规范经营行为所带来的风险。

第 12 章

滞缓中小微企业发展的违法违规行为

相比大型企业的成熟完善，中小微企业在管理体系、人才配置和资本方面有着较大差距，这些成为企业应用信息化的主要障碍。据统计，我国现在总计有超过 4 000 万的中小企业，而其中实现信息化的比例不足 10%（数据来源：杨小亮《发展小微企业，壮大县城经济发展》）。由于缺乏信息化的支持，目前大多数小微企业的管理呈现粗放、混乱的状态，导致其在市场竞争中处于下风，很容易因为大型和中型企业的竞争而倒闭破产，同时也制约了中小微企业的进一步发展。小型企业各种资源有限，缺乏专业财会从业人员，岗位权责划分不够明晰。

12.1 | 赢了销售输了底线

企业在日常经营中，为了有好的业绩，财务部门与销售部门也是经常意见相左，导致公司内部管理上分歧严重。销售部门大部分时候考虑成交，财务部门更多考虑安全，都是为了企业的发展，但就是很难契合。而作为企业的管理，经常为了"活"着而不得不选择销售业绩，而弱化财务管理要求。这种情况在中小微企业是比较普遍，选择销售的也不一定就会有风险。但还是有不少企业，因为税务问题或者资金链断而破产。下面我们就通过案例来展现。

12.1.1 案例——"三流合一"资金回流

某国有大型集团公司下属 A 公司、B 公司和 C 公司，为了完成总公司下达的销售指标，这三家公司在没有真实商品交易的情形下，互相为对方虚开增值税专用发票，即先由 A 公司开给 B 公司，然后由 B 公司开给 C 公司，再由 C 公司开给 A 公司。其中价税合计 1 400 余万元，并如实缴纳了税款，超额完成了总公司的销售指标。他们的基本做法是：B 公司从 A 公司取得进项税额发票，同时开票给 C 公司，C 公司再立即开具给 A 公司。有关收付款项，于当天通过银行转账实现，如图 12-1 所示。

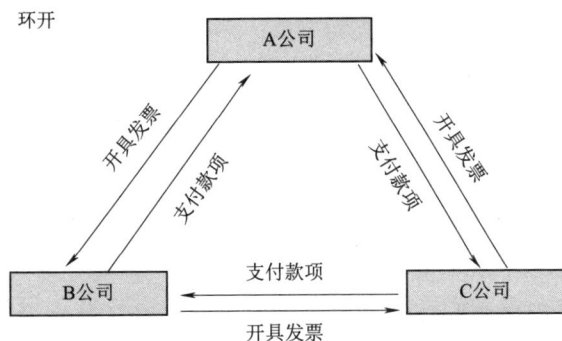

图 12-1 "三流合一" 业务的风险识别

12.1.2 解析

对开、环开的罪与非罪问题：第一种观点认为，这种"对开、环开"增值税发票的行为属于违反增值税发票管理的行为，但没有偷逃税款和骗取国家税款的动机，也没有造成国家税款的流失，因此不构成犯罪。第二种观点认为，只要实施了虚开增值税专用发票的行为，虚开数额在 1 万元以上的，不论是否造成偷逃税或骗取税款的后果，都构成了虚开增值税专用发票罪。如果行为人主观上没有抵扣税款的目的，只是一般的虚开，它不会侵犯税收征管制度，是一般的违反发票管理的行为，不能构成犯罪。

对开、环开的行政责任：

参见：1. 我国现行《中华人民共和国发票管理办法》第二十二条第二款规定，即任何单位和个人不得有下列虚开发票行为，列举内容包括"让

> 他人为自己开具与实际经营情况不符的发票"的行为。根据第三十七条规定,对有关虚开发票行为,应并处 5 万元以上 50 万元以下的罚款。
>
> 2.《国家税务总局关于纳税人虚开增值税专用发票征补税款问题的公告》(国家税务总局公告 2012 年第 33 号)明确规定,"纳税人取得虚开的增值税专用发票,不得作为增值税合法有效的扣税凭证抵扣其进项税额。"

以上规定表明,只要纳税人取得的是虚开发票,无论是否对国家税款造成损失,都不能作为合法有效的扣税凭证抵扣其进项税额。也就是说,在现有法律层面上"对开、环开"增值税专用发票,合法性问题无法突破,虚开的增值税专用发票受票方将面临被税务机关罚款和不能抵扣进项税额的风险。

> 参见:【逃避缴纳税款罪】《中华人民共和国刑法》第二百零一条……逃避缴纳税款数额较大并且占应纳税额百分之十以上的,处三年以下有期徒刑或者拘役,并处罚金;数额巨大并且占应纳税额百分之三十以上的,处三年以上七年以下有期徒刑,并处罚金。扣缴义务人采取前款所列手段,不缴或者少缴已扣、已收税款,数额较大的,依照前款的规定处罚。对多次实施前两款行为,未经处理的,按照累计数额计算。

12.2 劳务报酬虚开

由于个人所得税中"综合所得"包括工资薪金、劳务报酬、特许权使用费、稿酬这四项,采用超额累进制的计算方法,税率最低为 3%,最高为 45%;个人经营所得采用 5% 至 35% 的超额累进税率,按次征收,一个月多次的可以累计计算再按月申报纳税。很多企业为了从个人处消化利润和现金出来,就会通过自然人开具"劳务报酬"品目的发票来虚增成本,以获得现金,逃避企业所得税。

12.2.1 案例——虚开,转化收入性质降低税率

被告人李某系中国某某大学教授,担任重点实验室主任、李某课题组负

责人，还担任国家科技重大专项课题等多项课题负责人。被告人张某系中国某某大学重点实验室特聘副研究员，其与重点实验室、李某课题组的其他组成人员也分别担任了某部委多项课题负责人。另外，由李某、张某分别担任总经理、副总经理的两家公司作为其中某些课题的协作单位，也承担某些课题。自2008年至2014年，被告人李某伙同张某利用管理课题经费的职务便利，采取虚开发票、虚列劳务支出等手段，截留人民币37 566 488.55元的结余课题经费。

2009年，被告人张某及报账员欧某分别向被告人李某请示如何处理课题经费中的劳务费结余，李某表示将多余的劳务费报销出来，不要上交。截至2014年，被告人张某指使欧某、谢某采取提高个人劳务费额度和虚列劳务人员的方法，共计虚报劳务费人民币6 214 248.51元。

12.2.2 解析

劳务报酬所得，指个人独立从事非雇佣劳务取得的所得，包括从事设计、装潢、安装、制图、化验、测试、医疗、法律、会计、咨询、讲学、新闻、广播、翻译、审稿、书画、雕刻、影视、录音、录像、演出、表演、广告、展览、技术服务、介绍服务、经纪服务、代办服务及其他劳务取得的所得。

个人兼职取得的收入，应按照"劳务报酬所得"项目缴纳个人所得税。

虚开发票罪是指为了牟取非法经济利益，违反发票管理规定，虚开增值税专用发票和用于骗取出口退税、抵扣税款发票的行为（刑法修正案八增设的罪名）。

参见：《中华人民共和国刑法》规定：（1）虚开发票一百份以上或者虚开金额累计四十万元以上的；（2）虽未达到上述数额标准，但五年内因虚开发票行为受过行政处罚二次以上，又虚开发票的；（3）其他情节严重的情形。

虚开本法第二百零五条规定以外的其他发票，情节严重的，处二年以下有期徒刑、拘役或者管制，并处罚金；情节特别严重的，处二年以上七年以下有期徒刑，并处罚金。

12.3 | 长亏不倒的元凶

企业长亏不倒是不符合企业经营运作逻辑的，所以一般人认为企业长亏不倒，必然是做了假账，也就是大家熟悉的两套账：对外长亏不倒，对内真实记录。现在税务局对这种"长亏不倒""月零申报"的企业也是作为重点关注的对象，不及时调整将被列入税务异常户，后期也将影响企业信用、股东信用。

费用支出属于使用汽车发生的，可以在所得税前列支的汽车费用包括：汽油费、过路过桥费、停车费；不可以在所得税前列支的汽车费用包括：车辆保险费、维修费、车辆购置税、折旧费等。

从实质上看，私车公用发生的费用可以税前列支，需要满足以下两个条件：

（1）签订租赁合同，企业职工将私人车辆提供给企业使用，企业应按照独立交易原则支付合理的租赁费并取得租赁发票。租赁合同约定其他相关费用一般包括油费、修理费、过路费等租赁期间发生的与企业取得收入有关的、合理的变动费用，凭合法有效凭据准予税前扣除（车辆购置税、折旧费及车辆保险费、年检费等固定费用如果未包括在租赁费内，则应由个人承担、不得税前扣除）。

（2）企业与车辆所有人签订车辆租赁协议，约定车辆租赁价格，并约定：车辆租赁期内所发生的车辆消耗的费用由企业承担。

（3）如果双方签订的是无偿租赁合同（免费使用），以上处理将会产生争议：

● 税务机关会认为无租金租赁协议不符合市场规律，会核定租金。

● 部分税务机关认为无租金租赁协议情况下，车辆所发生的费用依然应归属个人费用，不得计入公司费用支出。

● 股东有车，最合适的将车辆过户给自己的企业。按照个人销售使用过的商品免征增值税，只承担过户时车辆挂牌等费用。个人可持与企业之间的购车协议（购车价格可以双方约定）以及相关资料到税务局代开普通发票。

● 企业取得发票后计入固定资产，每月可以计提折旧，车船税、保险费、维修保养费、过桥过路费、油料费等所有费用单据均可合法入账，抵扣增值税进项税额。

● 企业最终处理该车辆时，因入账时没有抵扣进项税额，因此可以按照处置价格，依据3%的征收率减按2%计算缴纳增值税。

> 参见：1. 根据《企业所得税法》第八条规定："企业实际发生的与取得收入有关的、合理的支出，包括成本、费用、税金、损失和其他支出，准予在计算应纳税所得额时扣除。"
>
> 2. 关于"私车公用"费用的扣除问题
>
> "私车公用"发生的费用应凭真实、合理、合法凭据，准予税前扣除。对应由个人承担的车辆购置税、折旧费及保险费等不得税前扣除。

12.3.1　案例——亏损 4 000 万元，长期隐匿收入虚列成本

甲企业是一家从事陶瓷成品、煤焦油等货物生产销售企业，属于增值税一般纳税人，本次税务机关针对该企业检查年度为 2019 年度。2019 年度甲企业自行申报企业所得税应纳税所得额为 -39 737 809.05 元，自行适用小型微利企业所得税优惠政策。针对该企业发生的将近 4 000 万元的巨额亏损，检查人员产生了疑问——甲企业的巨额亏损到底是如何产生的呢？

12.3.2　解析

经调查发现，甲企业 2019 年采取预收货款方式销售陶瓷成品、煤焦油等货物，货物已发出，未在账簿上计入销售收入 35 991 946.60 元，且甲企业上述未确认收入相对应的各项成本已在当年企业所得税税前列支扣除。甲企业发生近 4 000 万元巨额亏损的原因正是由于其一方面隐匿收入，另一方面却将成本费用在税前列支扣除造成的。

在本案例中，甲企业销售的货物生产工期未超过 12 个月，其采取预收货款方式销售货物，应在货物发出的当天确认增值税收入的实现。甲企业已符合收入确认条件但在账簿上不列收入进行虚假的纳税申报，其行为已构成了偷税。

最终，税务机关依法对甲企业行为认定为偷税，除了予以补征税款与滞纳金，还处以 0.5 倍的罚款。

参见：根据《中华人民共和国税收征收管理法》的相关规定，对纳税人偷税的，由税务机关追缴其不缴或者少缴的税款、滞纳金，并处不缴或者少缴税款百分之五十以上五倍以下的罚款；构成犯罪的，依法追究刑事责任。

12.4 税负长时期偏低，且低于同行业

如果企业的税负率低，税务局会对企业实地调查并查账。计算机采集当地企业的各项企业数据、财务数据、申报及纳税数据等，由系统自动评估，然后生成嫌疑人名单，再由稽查人员人工复核，确定哪些企业不需要稽查，哪些企业需要稽查或重点稽查，再派出工作组。税负率低的因素主要有：

（1）是销售价格降低，比如季节性、供大于求、商业竞争激烈等，都会导致销售价格会降低；

（2）进货价格上涨，可以抵扣的进项税额也会增加，这样，销项税额减去进项税额的差额也就少了，税负率会降低；

（3）一个时期内的进货多，销售少，抵扣的进项税额多，销项税额少，也会降低这个时期的税负率。

12.4.1 案例——税负低，数据比对异常引稽查

成立于 2009 年 11 月的某木业有限公司为当地龙头企业。2010 年销售收入 673 万元，自报亏损 157 万余元，2010 年实际缴纳增值税 214 万元，增值税综合税负 3.16%；2011 年销售收入 6 091 万元，自报亏损 640 余万元。2011 年实际缴纳增值税 150 万元，增值税综合税负 2.47%。该公司主要业务是利用林业"三剩物[①]"生产中纤维板，产品主要销往广东一带家具生产企业。根据财税〔2011〕115 号文件的相关规定，该公司享受增值税 80%即征即退税收优惠政策。该公司生产规模较大，经营期间发生大量农产品收购业务，大量使用农产品收购发票。

---

① "三剩物"也称森林三剩物，是指：采伐剩余物（指枝、丫、树梢、树皮、树叶、树根及藤条、灌木等）；造材剩余物（指造材截头）；加工剩余物（指板皮、板条、木竹截头、锯末、碎单板、木芯、刨花、木块、边角余料等）。

税务主管部门经过纳税评估，发现以下疑点。

（1）该公司享受税收优惠政策，连年巨亏并大量使用收购发票，财务指标异常。

（2）该公司属于资源综合利用企业，主要原料为林业"三剩物"和次小薪材。根据"三剩物"和次小薪材抵扣税额少的特点，该公司应该是高税负企业，而该公司 2010 年增值税税负为 3.16%，2011 年增值税税负仅为 2.47%，明显偏低。

（3）企业库存商品数额较大，是否账实相符？是否存在销售滞后或少计销售收入的情况？

12.4.2　解析

评估人员通过外围调查，到原材料供应的上游单位、个人及公安机关核查供货人的身份情况，核实了企业存在以下情况。

（1）收购的部分货物为锯材边料和"三剩物"，收购对象集中，部分收购对象开票金额较大，存在部分农产品是非农业生产者自产的情况，有未按规定开具农产品收购发票的嫌疑。

（2）产成品账物不符，库存产品中纤维板货物已发出，但尚未开票，存在少计提销项税金的现象。

最终税务局要求企业自查补报相关收入及税金。自查补报如下：2011 年度未按规定开具农产品收购发票，增值税进项税转出 52 万元，补缴所属期 2011 年增值税 52 万元，加收相应滞纳金 11 万元。由于未按规定开具农产品收购发票，调增 2011 年应纳税所得额 347 万元，调整后实际亏损 292 万元。由于发出货物未及时申报销售收入，补申报 2014 年 9 月销售收入 958 万元，补缴增值税 163 万元，加收相应滞纳金 7 万元。

12.5 ┃ 不开票不报收入

未开票收入就是销售的确认条件已达到（货已发，款已到），但没开发票。在实际中，公司间产生的交易，是普遍现象存在的。可能由于价格不确定、购货方不急需发票、开票条件不成熟等原因没有发票。就会出现这种现象：货已发，对方应计应收账款的贷方。因此，开票≠交税，不开票≠不交税，只要你取得销售款，就发生了纳税义务，无论你有没有开票，都一律按规定交税！

不开票不交税有什么后果？

不要想着不开票就不交税，这种逃税的想法一旦被税务局发现，还需要补缴税款，同时还很可能加收滞纳金，以及引起这些后果。

（1）未按期开票的风险：应当开具而未开具发票，由税务机关责令改正，可以处 1 万元以下的罚款；有违法所得的予以没收。

（2）延期纳税的风险：即纳税义务发生后，没开票也没纳税的情形。纳税人发生纳税义务后未按照规定的期限办理纳税申报和报送纳税资料的，由税务机关责令限期改正，可以处 2 000 元以下的罚款；情节严重的，可以处 2 000元以上 1 万元以下的罚款。

（3）偷逃税款的风险：即收入不入账，隐匿收入的情形。纳税人在账簿上不列、少列收入，不缴或者少缴应纳税款的，是偷税。对纳税人偷税的，由税务机关追缴其不缴或者少缴的税款、滞纳金，并处不缴或者少缴税款百分之五十以上五倍以下的罚款；构成犯罪的，依法追究刑事责任。

> 参见：《中华人民共和国税收征收管理法》和《中华人民共和国发票管理办法》。

12.5.1 案例——以发票作为收入的确认依据

【案例一】2022 年，经国家税务总局马鞍山市税务局稽查局检查，发现马鞍山某双语学校在 2003 年 6 月至 2019 年 9 月期间，主要存在以下问题：采取偷税手段，不缴或者少缴应纳税款 7 107.97 万元。依照《中华人民共和国税收征收管理法》等相关法律法规的有关规定，对其处以追缴税款 7 107.97万元的行政处理、处以罚款 706.55 万元的行政处罚。原副校长获刑 3 年半（案例来自国家税务总局安徽省税务局官方网站）。

【案例二】某医学院官网发文称，长沙市税务局第三稽查局突然向非营利性民办高校学生学费、住宿费征缴 25% 企业所得税和被征税单位毫不知情的日万分之五滞纳金。其中政府下拨给贫困学生的奖助学金、贫困助学金 5% 都计征税，还有学校购买的仪器、设备、设施、土地、房屋不作为学校支出，

还要按年分摊交纳企业所得税。（案例来自长沙医学院官网）

此后，据媒体报道，2022 年 1 月 14 日，国家税务总局长沙市税务局第三稽查局向该医学院下达"税务处理决定书""长税三稽处〔2022〕7 号"载明，要求该校补缴 2016 年 1 月 1 日至 2020 年 9 月 30 日期间各项税款353 314 522.98 元及相应滞纳金。

12.5.2　解析

为何几个民办学校的涉税问题都上了新闻，成了众矢之的？

在实务中，民办学院对免税收入、应税收入、不征税收入的理解上存在很多误区：

（1）有的民办学校在享受非营利组织免税优惠时存在误区，认为只要取得了主管部门的非营利机构证件就可直接享受免税优惠。

（2）取得主管部门的非营利机构证件不等于取得免税资格，非营利性民办学校需要携带相关资料到税务部门申请认定非营利组织的免税资格，认定成功后方可享受免税优惠。

（3）由于民办学校取得收入的类型、形式较多，诸如校服、校车等项目，采用直营模式还是代收代付模式将直接影响相关收入在税法上的确认。

教育行业常见涉税风险解析如下。

1. 错用免征企业所得税优惠政策

> 参见：《企业所得税法》第二十六条第（四）项规定，符合条件的非营利组织的收入，免征企业所得税。此处的免税应同时符合"非营利组织符合条件"和"收入符合条件"。
>
> 《关于非营利组织免税资格认定管理有关问题的通知》（财税〔2018〕13 号）及《关于非营利组织企业所得税免税收入问题的通知》（财税〔2009〕122 号）关于非营利组织免税收入的规定，非营利性组织享受免税优惠应同时满足：一本身具备非营利性；二取得的收入是受赠、政府补助、会费等符合免税条件的收入。

因此，对于非营利教育机构而言，应先判断其收入性质，即对于不符合免税条件的收入，即使已经具备非营利组织的资质，也应就该部分收入申报纳税。

2. 错用免征增值税优惠政策

参见：《财政部 国家税务总局关于全面推开营业税改征增值税试点的通知》（财税〔2016〕36号文）附件三第一条（八）项规定，从事学历教育的学校提供的教育服务取得的收入免征增值税，包括按规定标准收取的学费、住宿费、课本费、作业本费、考试报名费收入，以及学校食堂提供餐饮服务取得的伙食费收入。除此以外，学校收取的赞助费、择校费等，以及非学历教育服务（如培训、演讲、讲座等）收入，不属于免征增值税的范围。

3. 隐匿收入的偷税风险

教育行业的服务对象主要是个人，索取发票的意识不强，以收据替代发票作为购课凭据。因此，部分教育机构隐匿其实际收入，对取得的收入不开票、不入账、不纳税，采用"两套账簿"进行核算，同时逃避了增值税与企业所得税的纳税义务。

参见《中华人民共和国税收征收管理法》及《中华人民共和国刑法》规定，针对纳税人通过隐匿收入进行虚假申报，达到少缴纳税款目的的，由税务机关追缴税款及滞纳金，并处零点五倍至五倍的罚款；构成犯罪的，依法追究刑事责任。

4. 虚列成本的偷税风险

教育机构为了降低利润，向其他单位或个人购买成本发票，虚列与教学无关的成本费用，或费用支出明显异常不合理，如虚列工资单、虚增广告宣传费、虚列培训费等，以此达到增加可抵扣的增值税进项税额，少缴纳企业所得税的目的。

参见《中华人民共和国税收征税管理法》及《中华人民共和国刑法》规定，针对纳税人通过多列支出，达到少缴税款目的的，由税务机关追缴税款及滞纳金，并处零点五倍至五倍的罚款；构成犯罪的，依法追究刑事责任。

5. 未履行或未全额履行个人所得税代扣代缴义务

实践中，教育机构通常会采用以下方式不扣缴或少扣缴个人所得税：

（1）拆分工资。只向税务机关申报列示部分工资，剩余部分采用现金或微信转账等方法支付给员工。

（2）以报销名义支付工资。鼓励员工日常消费时开具以机构为抬头的发票，并以此发票入账，在所得税前列支，按照报销名义将发票对应金额代替工资支付给员工。

（3）发放的补贴不列入总工资。在个人所得税申报时，未将通信补贴、交通补贴、餐补等补贴列入总工资，降低了个税计税依据。

> 参见：《中华人民共和国税收征税管理法》规定，扣缴义务人应扣未扣的，处零点五倍至三倍罚款。扣缴义务人进行虚假申报少缴税款的，税务机关追缴税款及滞纳金，并处零点五倍至五倍罚款；构成犯罪的，依法追究刑事责任。

6. 长期挂"预收账款"，未及时结转确认收入

教育行业通常采取预收学费的方式，在财务核算时，将收取的学费挂在"预收账款"科目，未及时按照消课情况结转收入产生税务风险。

> 参见《中华人民共和国增值税暂行条例》第十九条规定，增值税纳税义务发生时间为发生应税销售货物或应税劳务，为收讫销售款项或者取得索取销售款项凭据的当天；先开具发票的，为开具发票的当天。在企业所得税方面，《国家税务总局关于确认企业所得税收入若干问题的通知》（国税函〔2008〕875号）第二条规定，企业在各个纳税期末，提供劳务交易的结果能够可靠估计的，应采用完工进度（完工百分比）法确认提供劳务收入。

12.6 公账与股东高管纠缠不清

根据法律规定，董事、监事、经理不得利用职权收受贿赂或者其他非法收入，不得侵占公司财产。违反上述规定的，要没收违法所得，责令退还公司财产，由公司给予处分。构成犯罪的，依法追究刑事责任。公司所有的钱必须受监管，严禁挪作私用，一旦进行债权、债务核算，发现有挪为私用情况，轻则公司不受有限责任保护，公司股东有可能负无限责任。重则会被定义为挪用公款罪入刑。但是现实公转私这种现象比较普遍，大部分私企老板都这么干，因为钱放在对公账户受监管的限制太多，比如取现限制，用途限

制，时间限制等，转到私人账户方便太多。

虽然自 2020 年 7 月人民银行下发"大额现金管理"试点政策以来，银行加强对公转私的管理监督，主要目的是防止洗钱等违法犯罪活动，但对于正常合法的资金往来，并无实际影响，所以，只要公司业务真实、合法经营，无须对"公转私"过分解读！

但是还有很多企业老板无知地认为："公司是我开的，钱是公司的，所以，我＝公司＝钱，我＝钱"，我花我自己的钱，为啥还要交税？我犯了哪门子法了？

12.6.1　案例——公款私用，公私不分

王某是一家物流公司的老板。2019 年 1 月，经过中介的介绍，王某看上了海边一套 230 平方米的大别墅，但他个人存款仅仅只有 145 万元，离房屋总价还差了不少。便从自己所开的公司"借"走了 350 万元拿去买房子了。一年后，税务局在对王某的公司税务稽查中，发现该公司的"其他应收款"下有一笔 350 万元"借款"全今未归还，已经超过归还期限了。

最后，税务局对王某这笔 350 万元的借款，依照"利息、股息、红利所得"计征个人所得税 70 万元，并对少扣缴税款处百分之五十的罚款即 35 万元，共计 105 万元。

> 参见：《关于规范个人投资者个人所得税征收管理的通知》（财税〔2003〕158 号）规定：纳税年度内个人投资者从其投资企业（个人独资企业、合伙企业除外）借款，在该纳税年度终了后既不归还，又未用于企业生产经营的，其未归还的借款可视为企业对个人投资者的红利分配，依照"利息、股息、红利所得"项目计征个人所得税。

12.6.2　解析

股东借款可以不用交税，但是要在年度内归还，否则将按照利息、股息、红利所得，计征 20% 的个人所得税，还可能面临罚款。

其实，"公转私"并不是不能碰触的红线，前提是必须要以合理的商业目的为前提。公转私的相关问题，税务局早已答复：

第一，公司可以向个人账户支付款项，但是需要有合理的商业目的作为支撑；

第二，公司作为扣缴义务人，向个人账户支付的款项属于个人所得税应税项目的，需要代扣代缴个人所得税。

至少有以下八种情况的公转私是合法合规的。

（1）发放工资薪金。公司每月将工资薪金通过对公账户（以下简称公户）发到每个员工的个人卡上，且已预扣预缴个人所得税。

涉税提示：企业在发放员工工资时，应履行代扣代缴义务，按 3%～45% 的税率预扣预缴个人所得税。

（2）员工差旅费报销。公司将差旅费报销款或备用金通过公户转入出差员工个人账户，出差回来后实报实销、多退少补。

涉税提示：符合条件的"差旅费津贴"不属于工资、薪金收入，不征个人所得税。

（3）支付给个人的劳务报酬。公司通过公户支付给个人劳务报酬，且已经预扣预缴了个人所得税。

涉税提示：企业需取得合规发票方可税前扣除，个人如办理了临时税务登记，月收入 10 万元（季度 30 万元）以下可免征增值税；企业每次支付劳务报酬时，应按 20%～40% 的税率预扣预缴个人所得税。

（4）向自然人采购。公司向自然人（含个体工商户）采购物资或租赁房屋、土地等，且取得了合规发票，这种情况下，公司可以通过公户转账给销售方个人。

涉税提示：公司需取得合规发票方可税前扣除。

（5）归还个人借款。公司通过公户归还个人借款，包括股东或其他自然人的借款。

涉税提示：如有借款利息，公司需代扣代缴 20% 的个人所得税，并取得合规发票方可税前扣除，个人申请代开发票需缴纳增值税等相关税费。

风险提示：公司长期借股东钱未还，有账外资金回流的嫌疑，一旦被稽查，会被怀疑有隐瞒收入等违法行为，建议及时清理。

（6）向个人支付赔偿金。公司根据合同、协议的约定，或法院的判决书，通过公户向相关个人支付违约金、赔偿金等款项。

涉税提示：如果是属于价外费用的违约金收入，应并入销售收入一并计算缴纳增值税、个人所得税等。

（7）公司向股东分配利润。公司将税后利润以分红的形式打给股东个人，且已代扣代缴个人所得税。

涉税提示：公司支付分红款时需按"股息、红利所得"20％的税率代扣代缴个人所得税。

（8）个人独资企业的利润分配。个人独资企业将税后的利润通过公户打给个人独资企业的负责人。

涉税提示：个人独资企业取得的经营所得，应先按5％～35％的税率缴纳个人所得税。

12.7 │ 没有发票先暂估预提的税务风险

企业在日常的经营中往往存在费用已经发生，但交给财务审核报销晚于实际发生业务的时间，造成会计期间的费用不能及时入账。没有发票入账要遵循《企业会计准则》的规定；如果实际成本费用已经发生，按照《企业会计准则》满足成本确认条件就要进行账务处理，而成本确认不受发票影响，也就是说即使企业没有收到发票，但是实际成本已经发生也要进行账务处理。这是会计的基本职能——记账。

但是在税务角度，如果一项成本没有取得合法发票，是不能进行企业所得税前扣除的。如果在企业汇算清缴前取得发票，可以进行所得税前扣除，不用进行调整；如果在汇算清缴前没有取得发票，则需要进行纳税调整，调增应纳税所得额。

12.7.1 没有发票的账务处理

1. 没有发票的支出应该如何入账

按照《中华人民共和国会计法》的要求，会计业务处理需要获取合法、有效的原始凭证。发票管理办法规定，所有单位和从事生产、经营活动的个人在购买商品、接受服务以及从事其他经营活动支付款项，应当向收款方取得发票。取得发票时，不得要求变更品名和金额。不符合规定的发票，不得作为财务报销凭证，任何单位和个人有权拒收。

参见：《中华人民共和国发票管理办法》第三十九条，违反国家发票管理规定，导致其他单位或者个人未缴、少缴或者骗取税款的，由税务机关没收违法所得，可以并处未缴、少缴或者骗取的税款一倍以下的罚款。

如果费用真实发生了，且公司能提供证明的，可以报销但不得在所得税前扣除（金额小于 500 元的零星支出除外）。

2. 没有发票的支出会影响企业的所得税吗

未取得发票的成本费用支出，影响企业的应纳税所得额，需多交企业所得税。

企业购买商品或劳务过程中，如果发生相关的支出，没有取得发票，列入成本费用或资产时，很难被税务机关认可，也就是说很难在税前扣除。如企业建造厂房雇佣农民工，支付给农民工的劳务费很难取得发票，在账务处理，该劳务费应作为该厂房原值的一部分，应按其原值计提折旧。但所得税汇算清缴时，其税收确认的原值中应扣减这一部分，同时税收确认的折旧也是以扣除原值后的金额计算的。二者折旧的差额，调增应纳税所得额，交纳企业所得税。

12.7.2 案例——白条充当费用发票又不做纳税调整被稽查

北京市国税局第一稽查局对某大型企业 A 公司实施纳税检查。在对经销商费用核实的过程中，税务人员发现，此类费用涉及收款方数量多、单笔款项小、合计金额达到 3 000 万元，而用作原始凭证入账的仅是经销商开具的收据。大量"白条"引起了税务人员的高度重视，就此展开了深入调查。

经查，A 公司主营业务为销售自有产品，业务范围覆盖全国各地，推广渠道以经销商为主。为了提高经销商的积极性，在与经销商签订的业务合同中约定，年度销售工作结束后对经销商开展综合评估，对符合条件的经销商给予奖励，具体奖励金额为经销商年度完成销售量的一定比例。但是，税务人员发现，A 公司向经销商支付的奖金，大量使用"白条"入账，非常不合规。对此，A 公司财务人员解释，与经销商签订的业务合同中包含了保证金条款，经销商购买商品，并根据认购数量向 A 公司缴纳保证金。随着认购数量的增加，要求缴纳的保证金也会相应增加，合同终止时 A 公司将全额退还所收保证金。经销商若满足奖励条件，为简化程序，会要求 A 公司通过冲减保证金的方式兑现奖励，并开具收据。

税务机关对该部分作出了纳税调整的处理意见，A 企业最终补税750 万元。

12.7.3 解析

以上案例中，尽管 A 公司该项费用没有产生实际资金流动，但依照"实质重于形式"的原则，A 公司的做法应拆分为两项业务处理：一是收取经销商保证金；二是向经销商支付奖励。两项业务虽然均以收据作为原始凭证入账，但处理方式却有着本质区别。在企业的实际经营中，由于各种原因，使用"白条"作为原始凭证入账的情况是存在的。若以虚构的"白条"列支费用，属于逃避财务监督或偷漏税款的一种舞弊手段，要承担相关的法律责任。

参见：《中华人民共和国税收征收管理法》第十九条规定，纳税人、扣缴义务人按照有关法律、行政法规和国务院财政、税务主管部门的规定设置账簿，根据合法、有效凭证记账，进行核算。《中华人民共和国发票管理办法》第二十四条规定，任何单位和个人应当按照发票管理规定使用发票，不得有以下行为：

（一）转借、转让、介绍他人转让发票、发票监制章和发票防伪专用品；

（二）知道或者应当知道是私自印制、伪造、变造、非法取得或者废止的发票而受让、开具、存放、携带、邮寄、运输；

（三）拆本使用发票；

（四）扩大发票使用范围；

（五）以其他凭证代替发票使用。

税务机关应当提供查询发票真伪的便捷渠道。

因此，若企业以账簿作为纳税依据，且以"白条"作为税前扣除的凭证不符合上述规定。同时，对于未按照规定取得发票的单位和个人，税务机关可以根据《中华人民共和国发票管理办法》规定，由税务机关责令限期改正，没收非法所得，并处 1 万元以下的罚款。此外，若企业不以账簿作为纳税依据，或者不以取得的"白条"作为税前扣除的凭证，对双方税款不产生影响，则无须在企业所得税前调整。

其实，A 公司并非只有"白条"入账一条路可走。A 企业向经销商支付的款项只要符合下述规定，可开具增值税红字发票，冲减当期销项税额及销售收入，这样就没有税务风险了。

参见：《国家税务总局关于商业企业向货物供应方收取的部分费用征收流转税问题的通知》（国税发〔2004〕146号）规定，对商业企业向供货方收取的按商品销售量一定比例的各种返还收入，均应按照平销返利行为的有关规定冲减当期增值税进项税金。《国家税务总局关于纳税人折扣折让行为开具红字增值税专用发票问题的通知》（国税函〔2006〕1279号）规定，纳税人销售货物并向购买方开具增值税专用发票后，由于购货方在一定时期内累计购买货物达到一定数量，或者由于市场价格下降等原因，销货方给予购货方相应的价格优惠或补偿等折扣、折让行为，销货方可按规定开具红字增值税专用发票。

12.8 | 不履行代扣代缴义务

代扣代缴是指税收法律、行政法规已经明确规定负有扣缴义务的单位和个人在支付款项时，代税务机关从支付给负有纳税义务的单位和个人的收入中扣留并向税务机关解缴的行为。目前，中国适用代扣代缴的税种主要包括企业所得税、个人所得税、增值税、资源税。代扣代缴可以有效保证国家的财政收入，简化纳税手续。尤其是个人所得税，由于收入信息监管手段相对不足，为确保税款及时足额征收，我国采取代扣代缴为主的征收方法，代扣代缴的争议也以个税最为常见，故本文主要探讨个人所得税。

12.8.1 案例——不懂税法，导致未履行法定职责

万达公司购买郝某山、刘某所持有的某公司股权，在支付大部分股权转让款后，未支付剩余款项，被后者诉至法院要求承担违约责任。万达公司主张，其未支付剩余款项的理由是郝某山、刘某不依法履行股权转让个人所得税纳税申报义务，万达公司需履行个人所得税代扣代缴义务。其作为个人所得税的代扣代缴义务人，在税款未缴纳前有权行使不安抗辩权中止支付剩余股份转让款，不构成违约，亦不应承担违约金。一审法院认为，支付方未实际缴纳的情形下不能从应付款项中扣除。申请人万达公司因与被申请人郝某

山、刘某、亚太公司股权转让纠纷一案，不服甘肃省高级人民法院的民事判决，向最高人民法院申请再审。

二审法院认为，万达公司以自己未履行义务而主张不安抗辩，与法律规定不符，亦有违日常生活逻辑、法律逻辑和诚实信用原则。其次，在双方未将税款的缴纳或代扣代缴作为合同义务进行约定的情况下，郝某山、刘某是否申报并缴纳个人所得税，受税收行政法律关系调整，不属于本案民事诉讼管辖范围，二审法院未将税款扣缴问题纳入本案审理范围并无不当。因此，万达公司认为其依法负有所得税代扣代缴义务从而可行使不安抗辩权中止支付剩余股权转让款的主张不能成立，其未按照约定期限支付全部股权转让款，构成违约。

综上，万达公司的再审申请不符合《中华人民共和国民事诉讼法》第二百条第六项规定的情形。依照《中华人民共和国民事诉讼法》第二百零四条第一款、《最高人民法院关于适用〈中华人民共和国民事诉讼法〉的解释》第三百九十五条第二款之规定，裁定如下：驳回甘肃万达房地产开发有限公司的再审申请。

12.8.2 解析

法院认为"代扣税款是否已经实际缴纳"能否作为支付款项中予以扣除的标准之一。但我们认为，是否可以扣除的实质判断标准应为：争议时点下与纳税相关义务的归属。简单来说，若争议时点仍然在扣缴义务人代扣代缴的法定期限内，则不论税款是否已经向税务机关解缴，都应当予以扣除，因为扣缴义务人有法定的义务，此时税务机关不得向纳税人追缴。

反之，若双方争议时点已经超过了扣缴义务履行期限，支付方已经构成"未扣且未缴"，从而已经违反了"代扣代缴义务"。依据《中华人民共和国税收征收管理法》的规定，税务机关应向纳税人追缴，纳税人必须纳税。而此时，申报和缴纳税款的义务已经由支付方转变为收款方，因此不允许在价款中扣除未扣未缴的税款才更符合法理。当然，支付方可能为此还需承担3倍以下罚款。

另外，对于支付方而言，若有迹象表明收款方要求支付全款而拒绝代扣代缴的，应当及时向税务机关报告，由税务机关直接向纳税人追缴税款、滞纳金，以此免除代扣代缴的义务并且将申报纳税义务转移给纳税人，避免税务风险。

这里也给读者朋友列举出企业常见的未履行代扣代缴个人所得税的七大风险行为。

（1）风险之一：员工多处取得工资薪金，均采用扣除费用标准，造成少代扣代缴个人所得税。

（2）风险之二：发放的过节费、免税旅游、高温补贴等人人有份的福利，未代扣代缴个人所得税。

（3）风险之三：公司现金发放或报销的形式，向员工支付超标准的车辆补贴、通信补贴，未代扣代缴个人所得税。

（4）风险之四：公司为员工报销的 MBA、EMBA 等社会学历教育或非学历教育费用，未代扣代缴个人所得税。

（5）风险之五：企业在产品促销活动中，以社会公众为对象，随意发放的促销礼品，未代扣代缴个人所得税。

（6）风险之六：企业在年会、展销会、开业庆典等活动期间，向员工家属赠送的礼品，未代扣代缴个人所得税。

（7）风险之七：个人股东在公司借款逾期，既未用于公司生产经营，也未归还，未代扣代缴个人所得税。

参见：（1）根据《中华人民共和国税收征收管理法》第六十九条，扣缴义务人应扣未扣、应收而不收税款的，由税务机关向纳税人追缴税款，对扣缴义务人处应扣未扣、应收未收税款百分之五十以上三倍以下的罚款。

（2）《国家税务总局关于贯彻〈中华人民共和国税收征收管理法〉及其实施细则若干具体问题的通知》（国税发〔2003〕47 号）第二条，扣缴义务人违反征管法及其实施细则规定应扣未扣、应收未收税款的，税务机关除按征管法及其实施细则的有关规定对其给予处罚外，应当责成扣缴义务人限期将应扣未扣、应收未收的税款补扣或补收。

12.9 股东随意使用公司资金的风险

很多企业，尤其是民企的老板，都有一种错觉，认为自己投资设立公司，公司的钱就是自己的钱，就没有给自己发工资的概念，用钱时就从公司抽调资金供自己使用。当公司经营资金不够时，就有可能是股东转账垫款给公司使用，造成公司与股东个人之间经常挂着大额的往来款，年末了也没法清掉。其实，这类往来款，站在公司会计账簿的角度看，就只有两种余额，其他应收款年末余额和其他应付款年末余额。

无论什么类型的企业，在经营过程中都可能面临资金紧张的情况，股东会想各种办法进行周转。其中，个人股东为企业无偿提供资金使用主要存在哪些问题，不同类型的企业应该如何应对增值税或个人所得税等方面的风险，我们通过下面的案例来跟大家分解。

12.9.1 案例——股东资金的逆查

安徽 A 有限公司股东甲某，从 2014 年起陆续分 10 笔借给 A 有限公司 2 140万元。截至 2016 年 2 月，A 公司共偿还甲某本金 1 620.3 万元，尚欠 519.70 万元本金未偿还。后甲某通过人民法院从 A 公司账户强制扣划 375.15 万元，A 公司至今尚欠 144.55 万元本金未偿还，甲某认为自己未收到任何利息。

税务部门在进行专项检查时，对甲某 2014 年 11 月 14 日至 2016 年 3 月 31 日期间资金借贷情况进行分析，认为甲某取得了利息收入，未进行纳税申报，予以税收处罚。

12.9.2 解析

1. 增值税方面

对于无偿提供服务视同销售的主体限定为"单位或者个体工商户"，并未提到"其他个人"（指自然人）。也就是说，在税法上，个人股东无偿提供借款给企业，不属于增值税视同销售的应税范围。所以不存在征收增值税的情况。

> 参见《财政部 国家税务总局关于全面推开营业税改征增值税试点的通知》（财税〔2016〕36 号）规定，单位或者个体工商户向其他单位或者个人无偿提供服务（用于公益事业或者以社会公众为对象的除外），应视同销售。

2. 个人所得税方面

个人所得税方面，税务局有权进行纳税调整。

参见《中华人民共和国个人所得税法》规定，对于个人与其关联方之间的业务往来不符合独立交易原则而减少本人或者其关联方应纳税额，且无正当理由的，税务机关有权按照合理方法进行纳税调整，需要补征税款的，应当补征税款，并依法加收利息。

3. 实务中我们应该区分两种情况向税务部门进行说明

第一，企业盈利状况良好，账面存在较大未分配利润的企业，理论上较小可能出现财务困难。此时出现股东借款给企业的情况，可能会引起税务局的注意。企业应该在现金流和净利润的差异上进行重点解释，即可能存在较多的未收回款项，导致资金周转困难，经过合理的现金需求量测算，与个人股东签订无偿借款的协议。

第二，企业处于亏损状态，确实存在合理借款的理由，同时也需要考虑企业的偿债能力。因为，企业无力偿还的股东借款，长期挂账"其他应付款"科目，也容易引起税务机关的关注。如果最终无须企业偿还借款，作为"营业外收入"或者"资本公积"处理，还涉及企业所得税调增。在此情况下，建议个人无偿借款转为投资行为。

12.10 | 财产归属不明导致多交税

本节主要探讨在中小微企业比较普遍存在的"私车公用"的问题，通过此类普遍性问题，大家可以举一反三来理解和管理经营中的此类问题。

私车公用是许多企业存在的客观事实。特别是北上广深这些一线城市实行限行、摇号后，私车公用弥补了公务用车之不足，既方便了员工，又有利于企业。

实务中也有许多公司存在员工使用私有的车辆用于处理公司业务，公司给员工一定的交通补贴或者给员工报销加油费等汽车费用。但这种方式存在一定的风险，补贴并入工资中发放，应该按照工资薪金所得代扣代缴个人所得税，且该部分计入社保基数中，使得企业经营成本上升。员工报销加油费等汽车费用，企业所得税面临调增的风险。

私车公用主要涉及的税种包括：个人所得税、增值税和企业所得税。

12.10.1　案例——私车公用处理不合规

甲公司在某市设有分公司，工作十分重要，需要为业务人员配备汽车。但以公司名义购车很难。有一名当地员工（也是股东）以个人名义摇号成功，于是公司决定以他的名义购车。公司付了车款，但车被过户到个人名下，汽车发票也开给个人，会计人员按会计法不能将车辆记入固定资产，只能挂往来账上，且不能扣除折旧，无法抵扣进项。现在公司被稽查查处，以公款为股东购车要视同分红，扣缴20%的个税（如果不是股东，则按工资薪金扣税）。

12.10.2　解析

私车公用就是将登记在个人名下的车，发生的相关费用支出（包括但不限于上牌费、维修费、油费等）在公司进行报销，这样就抵减了企业的应税所得（税法利润），导致公司可以少交企业所得税的行为。

这种风险主要存在于两方面：一是交通事故的认定风险，一旦产生交通违章、事故，责任很难认定，产生很多纠葛，增加沟通和业务处理成本，甚至惹上官司；二是税法规定，如果金额较大还可能被认定为"偷税罪"处理，增加经营风险。

本章小结

大家都知道"二八定律"，中小企业作为中国国民经济的主要支撑力量，不仅贡献了就业率、GDP，还创造了很多具有世界领先水平的新技术、新工艺、新设备。保护好中小企业的发展，就是在维护我们自身的权益，所以我们要规范经营，避免被取代，被替代。

以上案例都是中小企业常遇的实际案例，有很好的借鉴作用。

第 13 章

企业内控管理不当造成的风险

企业的内部控制制度是企业管理现代化的必然产物，加强内部控制制度建设是建立现代企业制度的内在要求。有效的内部控制不仅能使企业的资源合理配置，提高劳动生产率，而且更能防范和发现企业内部和外部的欺诈行为。但是目前有相当一部分企业对建立内部会计控制制度不够重视，导致会计信息失真，会计秩序混乱，违法违纪现象时常发生，以致管理失控，资产流失、经营失败。因此。建立和完善企业内部会计控制策略是当前企业管理面临的一个重要问题。

13.1 | 企业内部控制制度不健全，执行不彻底造成风险

现实中内部控制的目标并非总能实现，它总是受到来自管理层违规、政府政策和法律的非预期变化等因素的影响，随时显现出内部控制的局限性。

13.1.1 案例——合同管理混乱，责任不清

2019 年，A 公司作为建设单位，将其防火墙工程发包给 B 消防公司进行施工，施工过程中产生争议。B 消防公司起诉 A 公司未按约定支付工程进度款，并无故将其赶出施工现场，要求解除双方之间的施工合同，并就实际完工部分追索工程款。A 公司抗辩称，其不支付 B 消防公司工程进度款并将其赶出施工现场的原因，是 B 消防公司施工的工程质量不合格，其已经对不

合格部分进行了部分修缮处理。庭审中，A公司提交司法鉴定申请，要求对B消防公司施工的工程进行质量问题鉴定，并要求扣减相应工程价款。

庭审中双方对A公司修缮的具体部位、修缮的具体工作内容有争议，A公司不能举证证明具体修缮的部位及修缮的具体工作内容。法院经审理认为，双方之间签订的《建设工程施工合同》是双方的真实意思表示，内容及形式均不违反法律法规的强制性规定，合法有效，双方均应按照诚实信用原则履行的合同义务。A公司主张B消防公司施工的工程存在质量问题，构成违约，要求扣减相应的工程价款，应就其的主张承担相应的举证责任，其虽提交了司法鉴定申请，要求对B消防公司施工的工程进度质量问题鉴定，但其否认已对涉案工程项目进行了修缮，涉案工程已不能反映B公司完成时的原貌，失去鉴定的基础，对其要求鉴定的申请不予准许。据此，法院认定A公司的主张不能成立，认定A公司未按约定支付工程进度款，并将B公司赶出施工现场，构成根本违约。按照B消防公司实际完工部分，维持了B消防公司要求A公司支付工程款。

13.1.2　解析

我国法律规定，因施工方的原因致使建设工程质量不符合约定的，发包方就此的救济途径是有权要求施工方在合理期限内赔偿修理或者返工、改建、减少报酬、承担违约责任、赔偿损失等。但发包方在未有证据证明已向施工方发出修理或返工、改建的通知的情况下，擅自对工程进行修缮，存在履约不当，且在不能证明施工具体修缮的部位及修缮的具体工作内容的情况下，要求对施工方已完成部分进行质量问题司法鉴定，因此时工程已不能反映施工方完成时的原貌，将失去鉴定的基础。本案提醒项目开发单位，在履行建设工程施工合同时，不但要诚信履约，还要正当履约，并且要有证据保存、保护意识，否则，一旦发起诉讼，将可能承担举证不能的法律后果。

（1）本案例参见《中华人民共和国合同法》第二百八十一条规定"因施工人的原因致使建设工程质量不符合约定的，发包方有权要求施工人在合理期限内赔偿修理或者返工、改建。经过修理或者返工、改建后，造成逾期交付的，施工方应当承担违约责任"。

（2）《最高人民法院关于审理建设工程施工合同纠纷案件适用法律问题的解释》第十二条规定"因承包方的原因造成建设工程质量不符合约定，承包方拒绝修理、返工或者改建，发包方请求减少支付工程价款的，应予支持"。

（3）《中华人民共和国合同法》第二百八十七条规定"本章没有规定的，适用承揽合同的有关规定"；第二百六十二条规定"承揽人交付的工作成果不符合质量要求的，定作人可以要求承揽人承担修理、重做、减少报酬、赔偿损失等违约责任"。

13.2 企业监管与沟通缺失造成的风险

一个良好的信息沟通系统应保证信息在企业内部自上而下、自下而上、横向及与外界进行有效的传递，以提高内部控制的效率和效果。通过沟通渠道各级管理者可以知道在自己负责管理范围之内的工作进展情况、人员的行为态度，以及与组织目标相脱离的大部分偏差，从而确保对自己责任范围的控制；每位员工也能清楚自己在内部控制制度中所扮演的角色、所负担的责任及其地位和作用，并能将实施中存在的问题及时反馈给管理层，以便管理当局及时掌握和了解内部控制中的潜在薄弱环节，并能及时采取相应的预防措施。

在企业发展的过程中，无论成功或是失败都与沟通有着密不可分的联系，企业没有沟通就不能实现控制。沟通是企业组织生命体中的生命线，就像一个组织生命里的血管一样，贯穿全身每一个部位，每一个环节，促进身体循环，提供各种各样的养分。

13.2.1 案例——侵占公司财务

叶某、朱某、秦某、方某四人在企业内主要负责仓库内的一些调运与管理工作。他们在工作中发现，由于企业快要乔迁了，很多制造的器具在仓库内都是随便堆放的，缺乏较完善的收发管理。而朱某更是知晓看管仓库内没有监控仪器，并且存放有一批看似很不起眼，但价值却很高的小仪器。于是，他们四人便计划着捞一笔。这些仪器为什么值钱，它是做什么用的？原来，那是一种大型挖掘机器的电脑控制器，没有这种小仪器，几十吨的庞然大物根本无法驱动，一台就价值两万元。

四人分好工后来到仓库。叶某在窃得 26 台仪器后，先将其转移到围墙外，再由方某在围墙外接应，将这批仪器运走。最后，四人在叶某出租屋内集合，把仪器藏于床板之下。偷得仪器后，四人开始进行销赃。由于赃物使用范围很单一，叶某首先咨询了已经不在厂里工作的老员工邱某。邱某一听叶某手上有这种仪器，并同时愿意一次性出 6 万元收购了 24 个。叶某得到指点后，又来到某市的一家机器配件公司卖仪器。该公司的老板孙某见这些仪器比市面的进货价格要低很多，于是以 7 000 块钱又收购两台。短短几天内，四人偷到手的 26 个仪器卖光了。

按理说，少了这么值钱的东西，厂内应该很快就能意识到被盗，可是好笑的是，厂方仅仅在清点仓库时发觉这批仪器"好像是少了"，以为是上次放进仓库时数错、记错。于是，决定再"仔细数数"，并做了准确的记录。就这样，四人第一次作案并未被发觉。

直到有一天，管理层突然发现仓库里一下又少了 74 只，他们终于意识到上次不是记错了，而是被盗了。赶紧报了案，称厂里 200 万元的仪器失窃了。警方经过调查，顺藤摸瓜，将四人抓捕归案。

13.2.2 解析

由此可以看出几个问题：其一，虽然丢失的小仪器价值只有两万元，但造成的潜在损失却可能远远超出于此；其二，器具在仓库随便堆放，可能没有根据物资种类规划放置区域；其三，仓库作为公司物资的重要保管地，却缺乏出入库管理，也没有监控仪器，四个人可以堂而皇之地屡次进出盗取仪器。

因此笔者建议，企业无论是从固定资产管理或仓储管理角度，首先均应明确资产的保管责任人。假如设有仓库，需安排仓库保管员，同时建立仓库进出库登记手续，防止无关人员出入仓库。在本案例中，虽然公司马上进行乔迁，但仓库里仍保存有不少价值较高的物资和设备，仓库管理仍不能放松警惕。其次，在仓库大门口可安装必要的摄像监控设施，在仓库里针对摆放价值较高物资的区域或货架也应安装摄像头。通过摄像装置，一方面可以有助于抓获实施偷盗的罪犯，另一方面也是对拟偷盗人员的警醒。最后，在物资摆放中，应对物资进行区域化管理，尤其是在公司乔迁过程中更应注意加强物资保管。

13.3 知识产权相关的法律风险

知识产权作为无形资产，通过权益实施，即许可、转让或其他方式，可以充分发挥知识产权的经济和市场价值。随着我国对创新企业的大力扶持，包括"高新技术企业"奖励和税收优惠，"专精特功""小巨人"等长效扶持计划的实施，国家帮助企业打开了更广阔的市场。所以要实现我国经济高质量发展，核心就是鼓励科技创新。与此同时，随着知识产权保护的意识逐渐加强，企业在经营过程中稍不留意就容易造成知识产权侵权或者被侵权。

13.3.1 案例——职员偷取商业秘密

夏某入职贵州某科技发展有限责任公司，签订了保密协议，并担任相关岗位副部长、市场总监等职。夏某离职前，以其妻子名义注册了贵州某科建科技发展有限公司，经营范围与原任职公司高度相同，且夏某离职当日，就将其妻子任职的公司法定代表人更换为自己。离职后，夏某的公司分别与其原任职单位的客户签订了内容与其原任职单位相似的服务合同，并收取了相关费用。

贵州某科技发展有限责任公司发现夏某的违规行为，诉至法院。

法院认为，本案中客户名单不仅仅是客户名称、电话和地址，还包括交易习惯、交易需求、业务价格等深度信息，且不为公众所知悉、能为权利人带来经济利益、具有实用性，权利人亦采取保密措施。据此，涉案客户名单属于商业秘密，夏某、贵州某科建科技发展有限公司的行为构成侵权。遂判决：夏某、贵州某科建科技发展有限公司停止侵害商业秘密的行为，并赔偿70 000元（含合理费用）。

（资料来自贵州高级人民法院发布知识产权审判护航营商环境典型案例）

13.3.2 解析

对跳槽、离职后，利用原任职单位获取的具有深度信息的客户名单，从事相同（相似）行业，属于侵犯商业秘密的行为，违背了职工跳槽、离职后从业行为的诚实信用原则，构成不正当竞争。对该类行为进行规制，有利于规范离职职工重新就业行为，塑造诚实守信、公平竞争的市场营商环境。

13.4 用人制度导致的法律风险

改革开放以来，中小企业犹如雨后春笋在中国大地上蓬勃发展，这种良好的发展势头离不开国家政策的扶持和中小企业创业初期的积累，而这种初期积累的成功是取决于多种因素。如，组织层次少、权力集中、管理成本低；机制灵活，对市场反应灵敏；中小企业的"家族式"管理在发展初期具有竞争优势。这些因素使得中小企业在创业阶段取得了辉煌的业绩和成就，但当其进入"二次创业"阶段，这些优势就被削弱，失去了竞争力，甚至成为继续前进的障碍。

13.4.1 案例——职务侵占是制度的问题还是信任危机

在 2022 年年初一个很偶然的机会，一位企业的老板来找我们，希望我们帮他全面核查公司的财务状况。通过初步沟通了解到，公司的业务是做板房的生产与安装，几乎覆盖了周边县与市区。老板是一个"80 后"，通过多年的积累，业务从一年几十万元做到一年两三千万元的产值，公司的职员也由原来的 20 多人增加到上百人。而老板最近却因公司的内部管理问题，从 140 多斤瘦到 110 多斤。这又是什么情况呢？

原来，在企业快速成长后，这位老板发现自己的时间和精力都很有限，财务和生产管理又都是比较细致的工作，必须要找"信得过"的人来管理好生产和财务工作，主要是负责生产出货管控和掌握内部财务真实状况。最后他通过公开招聘招到一名做事很本分，但能力很一般的会计。生产管理的人选他就锁定自己的发小，让其担当厂长一职，可就是这种"信得过"和"听话"，从 2021 年开始，这位老板就发现公司的生产和出货存在的差异越来越大，而会计也总交不上一份真实的财务报表，让他更加质疑公司的财务管理和内部管控。老板通过一段时间的调查和取证，发现他的发小，也就是厂长有中饱私囊，职务犯罪的情形。这位发小承认损害公司的利益就有 80 多万元。而老板自己认为这几年这个发小厂长最少侵吞公司财产达 180 多万元，最终这位老板还是把发小移交到司法机关去处理了。

而对公司的会计不能提供真实的公司财务状况却一直成了这个老板手上

的"烂疮"，可能是因为企业在日常经营中存在一些不合规的情况，作为老板，当然是不希望因为一个小会计而将多年的辛苦付之东流，所以他就决定通过第三方来做全面核查，查最近 5 年的供产销数据，并核算出一份比较真实反映企业财务状况的报表。希望通过第三方梳理出来的结果，给会计一个台阶下。

13.4.2　解析

通过上面的真实案例，我们会发现，有时候老板放权了，也给了足够的信任，还是会导致公司产生很大的经营风险，这又是为何呢？我们根据多年服务中小企业经验得出以下结果：

1. 制度不到位，信任白浪费

"信任"需要用制度去约束和规避风险，否则也就不制定管理办法了，如签署合同、签订协议、制定章程、负责审批等。人们常说的"疑人不用，用人不疑"，虽然被管理者听得比较舒服，但是作为管理者来说这是不够科学的。真正的管理理念应该是"疑人要用，用人要疑"，用现代管理体制来解释就是要有效授权，要有问责机制，事前可预防，事中能控制，事后可补救。制定完善的人力资源开发与培养战略，并在企业形成合理的人才梯队，才能使企业的发展长盛不衰。因此，企业必须树立制度和规则意识，实现人力资源管理由"人治"向"法治"的转变。

2. 没有激励，价值倒退

第一，运用物质激励手段和方法，把薪金、奖金、优先认股权、红利等其他激励形式有机地结合起来，以满足不同员工的利益和需求，发挥物质激励的最佳作用。第二，物质激励必须和员工工作业绩挂钩。第三，精神激励。树立先进典型，使员工有学习榜样，在企业形成崇尚先进、学习先进、争当先进的良好风气。第四，管理激励。让员工或下级不同程度地参与企业决策及各级管理工作的研究和讨论，从而体验到自己的利益同企业的利益及发展密切相关，增强责任感。

总之，中小企业要最大限度地尊重知识、尊重人才，就应当在建立科学的薪酬制度与激励体制上下功夫。企业也要根据人才的不同特点，注重激励的有效性、公平性、层次性、持久性，切实发挥激励机制的效能。

3. 长期培训，育人发展

中小企业要形成自己良好的育人机制，构建学习型组织，锻造精英人才梯队，建立一套有效的人才培育机制，充分挖掘人才的潜质，把合适的人放在合适的岗位上，使人尽其才，才尽其用。一个企业的人才，不可能全部或者大部分通过外部引进来达成目的，实际上更多要靠自己培养，要靠企业的文化环境、氛围去培育。只有这样，企业的人才才会源源不断，才能满足企业快速发展的需要。企业"育人工程"一定要有规划，是一个循序渐进的过程。时代在变，行业的风向、商业模式都是在不断地迭代更新，人才的培育最终都是要适应环境的变化，所以企业要形成自己良好的育人机制。

4. 积极的企业文化，留住优秀的，有共识的人才

（1）企业文化留人。企业文化，是企业成员共同的价值观念和行为规范，是企业的灵魂，是推动企业发展的动力。一个企业如有良好的企业文化，这才是企业留住人才的关键。通过企业文化建设，创造一种高度和谐、友善、亲切、融洽的氛围，凝聚人才的创造力量，激励人才不断奋进，并且在价值观上取得共识。而培育共同价值观正是企业文化的核心内容，每一个成功的企业必须有自己的企业精神，用一种共同的价值观来熏陶企业人才，引导企业奋发向上。企业文化留人，要求企业要像一个家，能给职工带来家庭般的温暖。企业文化是从上到下这样形成的：先有远景，再有使命宣言，又有价值观，然后用各种手段把价值观输入到员工心里，溶化在血液中，然后再制定长期和短期的目标，于是企业文化就产生了。

（2）感情留人。人非草木，孰能无情。"感情留人"是有中国特色的留人之道，是对领导者提出的新要求。"感情留人"，就是要努力营造一种积极向上、团结和谐的人际关系和工作环境，让大家心情舒畅地工作。"感情留人"的成功与否，关键取决于领导。"感情留人"看似很难做，其实还是比较容易的，关键看领导是否待人真诚。如果优秀人才对领导和企业有感情，即使别的地方条件好、待遇高，也往往是想走而舍不得走。这就是"感情留人"的神奇魅力。"感情留人"除了真诚相待，还得经常体察民情，真诚地为员工排忧解难，员工才会从心里信任和依赖你，就会由衷地拥戴你。有了感情，人们就会与你同甘苦、共患难，哪能轻易说走就走。所以，用真诚的感情留人，是十分重要的。

13.5 | 企业印章缺乏合理管控导致的风险

印章具有重要的法律价值，企业印章是企业主体身份的象征，是企业权力的象征，也是企业利益的象征，印章更强调的是印章的象征性价值、代表性价值和授权性价值，这些价值体现企业管理行为的高度抽象化，企业印章的这种财产价值超过了企业其他任何一样有形或无形的资产价值。

在实践中，企业应当加强对公司印章的管理，有的企业为了经营便利，可能刻制了多枚印章；有的企业则管理混乱，可能存在私刻印章的情况。

13.5.1 案例——印章管理的学问

【案例一：印章使用混乱】

在青海某矿业开发有限公司与洪某民间借贷及担保合同纠纷一案中，该公司法定代表人以公司名义对外签署《担保保证书》并加盖公司印章，为第三人进行担保。后债权人起诉，要求该公司承担保证责任。该公司主张法定代表人签字及印章均系伪造，担保保证书对其并无约束力。在庭审中，该公司未提供证据证明法定代表人签字是否属于伪造。同时经鉴定，担保保证书中加盖的印章的确与其在公安局备案的印章不符，然而该公司也承认其在实际经营中使用过的印章不止一枚。本案经一审、二审、再审后，最高人民法院认为，虽然担保保证书加盖的印章与该公司的备案印章不一致，但因该公司在实际经营中使用过多枚印章，导致债权人难以有效识别担保保证书上加盖的印章是否为该公司曾使用过、正在使用或在公安局备案登记的印章，最终，最高人民法院认为该公司应承担保证责任。

（资料来自中国裁判文书网）

【案例二：印章使用无章法】

A公司有两名实际控制人股东甲和乙，为了互相牵制，公司公章由法定代表人甲保管，财务专用章则由股东乙保管，私章则由公司财务主管保管。公司一直发展得很不错，可就在这时甲乙两个股东对企业未来的发展模式产生了很大的分歧。甲希望延伸产业链到上游开发更多的业务，同时也可以降低现有企业的成本；而乙则觉得干了这么多年，口袋一直也没真正有钱，希望能先分红，把家里安顿好，不太愿意投资，因为乙觉得投资就会有风险。因为意见不合，双方闹得也很不愉快。

于是乙为了保住自己的利益，开始拿着"财务专用章"去对外收取客户款项。客户并不知晓他们内部产生分歧，并有随时分家的可能性，收据上盖"财务专用章"也合乎常理，便将款项结算给了乙。一段时间后，被甲发现，甲以职务侵占罪将乙告上了法庭。最后法院驳回了甲的起诉，认为乙不是以"非法占有为目的"，不构成职务侵占罪。

13.5.2 解析

从上述案例可见：

第一，公司印章最好应具有唯一性，否则风险巨大。首先，如果公司印章不具有唯一性，则将导致其交易相对人难以识别加盖的印章是否为有效印章。其次，如果产生纠纷，则在公司存在多枚印章的前提下，公司不得主张"印章系伪造"等以否认其对外签订过的合同效力。

第二，公司不能对同一印章的效力在不同场合或不同交易中做不同的选择，也就意味着，如果公司存在多枚印章，一旦公司认可其中一枚印章的效力，则该印章在其他交易中就应具备相应法律效力，而不论该印章是否为私刻印章，甚至伪造印章。

第三，建立日常保管制度。

（1）公司印章采取分级保管的制度，各类印章由各岗位专人依职权需要领取并保管。公司章一般由公司法定代表人掌控，合同专用章由公司主要负责人指定印章管理部门专人负责保管，财务专用章由财务经理保管，其他职能部门章由各部门负责人保管。

（2）印章必须由专门保管人妥善保管，且在其岗位职责中予以明确，保管人对印章应做到随用、随取、随时入柜上锁，不得擅自委托他人保管。

（3）公章应妥善保管，注意安全，防止损毁、遗失和被盗。

第四，做好用印登记。

公司应当建立统一的印章使用台账，设置印章使用申请表，该表应注明申请人、申请事由、申请时间、用印材料内容、份数及主管领导审批意见等。

申请使用印章的单位或部门必须按印章管理规定履行审批程序，经过有关部门和公司领导批准，并进行使用登记。印章保管人员应对用印文件认真审查，审核与申请用印内容、用印次数等是否一致，然后才能用印。用印时必须由印章保管人员用印，不能由他人代为用印，同时不能让印章离开印章保管人员的视线。

13.6 | 超越营业执照经营范围引发的风险

公司经营范围是国家允许企业生产和经营的商品类别、品种及服务项目，反映企业业务活动的内容和生产经营方向，公司经营范围选择不好，容易产生未履行有关审批手续登记经营范围的法律风险、超越公司经营范围签订合同的法律风险，以及超越公司经营范围开展生产经营的法律风险。另外，在科技强国的时代，高新技术企业像雨后春笋般的迅速成长，知识产权越来越被企业认可和看重，在保护知识产权时避免不了有一些法律纠纷，在认定"同业竞争"这个问题上，是不是可以仅凭经营范围认定两家公司存在同业竞争呢？

13.6.1 案例——违法经营

案例一：未按经营范围取得相关资质

哈尔滨某劳务派遣有限公司，成立于 2007 年 11 月 30 日，经营范围为：劳务派遣、劳务服务、劳务咨询、社会保险与公积金代缴代办等，孟某某为实际控制人。2014 年 8 月至 10 月，哈尔滨某劳务派遣有限公司为黑龙江某空间信息技术有限公司、哈尔滨某宝泰经贸有限公司、黑龙江省某水利水电工程总公司、哈尔滨某导航与测控技术有限公司、黑龙江某家电有限公司等五家单位开具的劳务费发票，被哈尔滨市道里区人民检察院以犯虚开发票罪，于 2015 年 7 月 29 日向当地法院提起公诉。

【案例一解析】

检察院指控依据：2014 年 8 月至 10 月间，孟某某经营某劳务派遣公司未获得相关劳务派遣经营资质、没有实际发生劳务派遣业务，所开具发票应认定为虚开。

案例二：仅凭经营范围可以认定同业竞争吗？

张某于 2014 年 8 月 4 日入职 C 公司，并签订《保密协议书》及《竞业禁止协议书》。2015 年 10 月，双方劳动关系正式解除。C 公司按月支付张某2015 年 11 月至 2016 年 4 月竞业限制补偿金 36 000 元。D 公司于 2014 年 5 月

17日注册成立，张某一直任 D 公司股东及监事、法定代表人、执行董事。因 D 公司实际经营业务与 A 公司相同，C 公司将张某诉至了法院，要求张某支付违反竞业限制协议违约金，并返还竞业限制补偿金。

（资料来自中国裁判文书网）

【案例二解析】

法院认为，D 公司网站记载其是一家专注于传感器应用技术等研发、生产、销售的高科技企业，其经营的产品包括传感器等。虽然 C 公司工商注册的经营范围不包含传感器，但是超越经营范围经营并不会导致合同无效。C 公司工商注册的经营范围不包括传感器，不能得出其实际不经营传感器的结论。如果 C 公司实际经营传感器，其与张某约定竞业限制范围包括传感器应当有效。C 公司提供的证据可以证明 C 公司的实际经营范围包括传感器，且张某到 C 公司后所从事的工作内容亦与传感器相关。故 C 公司与张某在《竞业禁止协议书》中约定竞业限制范围包括传感器，合法有效。张某应支付 C 公司违反竞业限制的违约金 30 万元，并返还 C 公司竞业限制补偿金36 000元。

认定两家企业是否属于竞业公司，应当从企业实际经营业务出发，不能仅仅只参照工商登记来认定。竞业禁止相关法律规定的本质是为了保护企业在核心员工离职后仍可以保存自己行业内的竞争力，故真正需要保护的是企业实际经营的业务。一般许多企业经营范围比较广泛，如果以此为依据会无限扩大竞业公司的范围，将严重影响员工的就业权，使员工的生活来源无法得到保障，而对于企业超越经营范围实际经营的业务遭到离职员工不正当竞争时，企业也无法得到法律的保障。

13.6.2 解析

参见《中华人民共和国市场主体登记管理条例实施细则》，公司超出一般经营项目范围从事经营活动将不再面临市场管理部门行政处罚的风险。但未经许可从事需要经过审批的许可项目经营活动的，市场监督管理局将按照《无证无照经营查处办法》相关规定，责令停止违法行为，没收违法所得，并处 1 万元以下的罚款。

针对触犯刑律的，依照刑法关于非法经营罪、重大责任事故罪、重大劳动安全事故罪、危险物品肇事罪或者其他罪的规定，依法追究刑事责任；尚不够刑事处罚的，并处 2 万元以下的罚款；无照经营行为规模较大、社会危害严重的，并处 2 万元以上 20 万元以下的罚款；无照经营行为危害人体健康、存在重大安全隐患、威胁公共安全、破坏环境资源的，没收专门用于从事无照经营的工具、设备、原材料、产品（商品）等财物，并处 5 万元以上 50 万元以下的罚款。

　　相关规定，当事人超越经营范围订立合同，人民法院不因此认定合同无效。但违反国家限制经营、特许经营以及法律、行政法规禁止经营规定的除外。根据该司法解释，公司超一般经营范围签订的合同不存在因超经营范围而无效的风险，但是如果签订的合同涉及需要审批的经营项目而未履行相关手续的，该合同将面临无效的法律风险。

13.7 | 不重视公司章程的法律风险

　　公司章程是公司内部的基本规范，是公司、股东、高级管理人员的"行为准则"，是公司高效有序运行的重要基础。我国《公司法》明确规定，订立公司章程是设立公司的条件之一。公司没有公司章程，不能获得批准和登记。公司章程有违反法律、行政法规内容的，公司登记机关有权要求公司做出相应修改。公司章程一经有关机关部门批准，并经公司登记机关核准即对外产生法律效力。公司、公司股东，以及董事、监事和高级管理人员都要受到公司章程的约束。

　　在实践中，投资者忽视公司章程的情况比比皆是，大多投资者都仅仅是将公司章程作为一份普通的法律文件，只是流于形式，没有认识到公司章程的重要性。因此造成有的公司章程脱离实际，没有现实存在意义；有的章程对股东大会、董事会等职责不明，相应的会议制度和表决制度不完善，缺乏公司重大决策的法定程序和监督程序。这些不明确的、缺乏实际操作性的公司章程，往往会造成争议和纠纷的发生，给公司、投资者造成的损失无法估量。

13.7.1 案例——章程得不到重视，势必引纷争

案例一：注册登记套用范本章程引起的法律纠纷

甲、乙、丙三人共同出资成立新华公司，其中甲出资 500 万元，占注册资本 50%；乙出资 400 万元，占注册资本 40%；丙出资 100 万元，占注册资本 10%。三名股东甲和乙是兄弟关系，乙和丙是夫妻关系，新华公司成立委托当地一家企业注册公司办理工商登记程序，使用的全都是登记机关提供的示范文本。公司成立后，董事会由四名董事组成，除甲、乙、丙均担任公司董事外，甲的妻子丁被选举成为公司董事。公司经营半年后开始盈利，但是公司一些重大的经营活动始终无法作出决定，由于甲和乙、丙持有的股份均为 50%，而且股东和董事重合，一旦董事会出现僵局，股东会也无法形成决议。这种状况一直持续约两年，甲申请强制解散公司，经清算公司亏损将近 400 万元。

案例二：股东可以通过公司章程的约定来解决股东会或股东大会与董事会职权范围

甲公司成立于 2016 年 2 月 15 日，公司章程规定股东会的职权包括：审议批准公司对股东或对股东以外的第三人提供抵押、质押等担保，审议批准公司的重大资产处置和负债行为。董事会的职权包括董事会有权审议批准公司的重大事项，包括但不限于人民币 1 000 万元以上的对外投资、担保、负债、资产或股权收购、出售、人事任免等。全体股东均在公司章程上签名或加盖公章。公司股东崔某认为公司章程分别将审议公司对外担保、负债、人事任免的权限赋予董事会、股东会，权限相抵触，会导致公司董事会越权行使股东会的法定权利，损害股东利益，破坏公司法人治理制度。崔某诉讼请求：确认公司章程中约定上述董事会职权的条款无效。法院经审理认为，董事会职权是公司章程内容之一，除《公司法》第四十六条第一至十项职权外，公司章程有权规定董事会的其他职权，公司章程经全体股东签字并在企业登记机关进行了登记，并不违反法律规定，依法有效，对全股股东依法有约束力。法院判决：驳回崔某的诉讼请求。

13.7.2 解析

案例一解析

政府机关为了提高行政效率，会制定并公布一些标准的示范文本供企业

使用。对于不具备专业知识的投资人而言，使用国家制定的公司章程示范格式可以避免出现自己拟定的条款不符合法律规定的情形。案例中甲、乙、丙设立公司是通过企业注册公司完成的，而且使用了市场监督管理机关提供的标准公司章程格式。但是，该注册公司在为企业注册的过程中忽视了股东持股比例相当的事实，没有对格式章程个性化，未能事先在章程条款中预防公司运营中可能出现的风险和纠纷。公司开始经营后立即暴露出问题，董事会出现僵局无法作出决议，而股东会不能正常召开化解董事会僵局，最后公司无法运营只能申请强制清算。

我国 2018 年修改的《公司法》一个突出的特点是尊重企业的经营自主权，删掉了很多强行性规定条款，公司开展经营活动中的很多重大事项，如公司经营范围、法定代表人的任命、股东权利的限制、股东会决议的合法性、股东出资份额的确定、股东会会议召开和表决程序、董事会的产生、职权及议事规则、监事会的议事规则、股权转让程序、董事、监事、高级管理人员的义务和责任等都可以在公司章程中作出约定，即使章程的规定和法律规定相冲突也承认章程的优先效力。这就为公司章程制定的个性化提供了法律依据。

案例二解析

公司章程是公司必备的，由公司股东或发起人共同制定并对公司、股东、公司经营管理人员具有约束力的，调整公司内部关系和经营行为的自治规则，是全面指导公司行为、活动的基本规范。公司章程一经法定程序制定和修改，且不违反强制性规定，即对公司、股东、公司经营管理人员具有约束力。

董事会的组成、职权是公司章程的必要记载事项。通常情况下，股东会或股东大会与董事会职权范围的划分是比较明显的，股东会或股东大会是公司的权力机关，行使的是所有者权利，董事会行使的是管理者权利。股东会或股东大会的权力是无限的，而董事会的权力是有限的，既可以被股东会或股东大会给予更宽泛的职权，也可以被限缩为很小的职权范围。在不违反法律强制性规定的前提下，股东可以通过公司章程来解决股东会或股东大会与董事会职权范围的划分问题。

> 关于公司对外担保事项参见《公司法》第十六条规定，公司向其他企业投资或者为他人提供担保，依照公司章程的规定，由董事会或者股东会、股东大会决议。故股东在公司章程中约定董事会有权审议批准公司对外担保事项，不违反公司法强制性规定，合法有效，对股东具有约束力。

本章小结

　　内控管理主要防止内部的舞弊风险，职务侵占和不合法的恶意收购等。世界上最可怕的事就是我把你当亲人，你把我当敌人。商业的世界里，很多人都在追求利益最大，而忘记当初那个承诺过的企业价值最大化的目标，这就更加警示我们要完善内部的管理，加强员工的职业素养教育，以及流程的科学化、清晰化和制度化，从企业价值转化到个人价值提升的维度去思考管理机制，从而提高我们的内控管理水平，降低企业经营风险。

第 14 章
合伙人与股东

创业初期，在选择合伙人的阶段就像是在做一次"事业伴侣"筛查，选择优质的、合适的合伙人是为企业的优良基因打下基础。有了优良基因还不够，我们每个人还要注意培养良好的生活习惯，为我们的身体建立秩序，让我们的生理机能得以正常运转，尽最大可能防止基因异变。同理，企业在选好合伙人之后，也要搭建科学的股权架构，为企业建立秩序。如果企业的股权架构没有搭好，无疑是给企业埋下了极大的隐患。在企业创业过程股东与合伙人概念混淆也是死局之一。

股东的权益主要包括：参加股东会议对公司重大事项具有表决权；公司董事、监事的选举权；分配公司盈利和享受股息权；发给股票请求权；股票过户请求权；无记名股票改为记名股票请求权；公司经营失败宣告歇业和破产时的剩余财产处理权。

14.1 合伙人与股东的权益

合伙人在法学中是一个比较普通的概念，通常是指以其资产进行合伙投资，参与合伙经营，依协议享受权利，承担义务，并对企业债务承担无限（或有限）责任的自然人或法人。合伙人应具有民事权利能力和行为能力。这里重点强调两个字"无限"。

股东，即股份制或有限责任制公司的出资人或投资人，股东作为出资者按实缴出资数额（股东另有约定的除外），享有所有者的分享收益、重大决策及选择管理者等权利。企业治理的核心逻辑是控制企业并有效治理。那股东和合伙人到底有何异同？

14.1.1　合伙人和股东的区别

股东和合伙人区别如下。

（1）承担的责任不同，合伙制企业中，每一个合伙人都对合伙企业的全部外债承担连带、无限责任；而股东（入股人）只需要承担有限责任。

（2）法律适用的不同，合伙适用《中华人民共和国合伙企业法》，而股东适用《公司法》。

（3）承担的资金不同，合伙按照协议的约定承担资金，股东按照出资比例承担资金。

（4）加入与退出的规定不同，合伙制企业是根据合伙人之间的协议而建立的，合伙人退出或新合伙人加入时，必须取得全体合伙人的同意，并重新签定协议。而股份制企业的股东不能退股，但可以将自己的股份转让给其他人。

（5）利润分配方式不同，合伙制企业中，合伙人按契约进行分配，契约由合伙人在成立合伙组织前协商订立，可以平均分配利润，也可以不平均分配利润；而股份制企业的利润分配严格按照股权进行，股权越多，分配利润越多。

（6）合伙人组建的企业由合伙人承担无限连带责任，具有人合的特性；有限公司或股份公司是按股东出资比例承担有限责任，具有资合的特性。

14.1.2　法律法规依据

法律法规依据如下：

（1）《中华人民共和国合伙企业法》第十六条，合伙人可以用货币、实物、知识产权、土地使用权或者其他财产权利出资，也可以用劳务出资。合伙人以实物、知识产权、土地使用权或者其他财产权利出资，需要评估作价的，可以由全体合伙人协商确定，也可以由全体合伙人委托法定评估机构评估。

（2）《公司法》第二十七条，股东可以用货币出资，也可以用实物、知识产权、土地使用权等可以用货币估价并可以依法转让的非货币财产作价出资；但是，法律、行政法规规定不得作为出资的财产除外。

14.1.3　案例与分析——执照到期，各股东去留意见分歧

孙某、伍某和杨某共同出资经批准成立了一家注册资金为 100 万元的装修有限公司。公司章程中规定营业期限为 10 年。营业期限届满后，孙某提出解散该公司并提出组织清算，可伍、杨两股东未做答复。孙某于 2020 年 10 月向法院提出申请，请求依法强制终止该公司，指定清算组进行清算。

问题一：营业期限届满，孙某可以在另外两名股东没有答复的情况下，提出解散并清算公司吗？

本案中孙某申请人民法院依法解散该公司，按照《公司法》第一百八十二条规定，人民法院应当受理的是该"申请"而不是"起诉"。由于公司依法成立后，各股东相对公司而言存在权利和义务的法律关系，股东则以其出资额为限承担有限责任。因此，只有解散公司才能使各股东的权利和义务得到实现。如果把其他两个股东作为被告，就会完全背离《公司法》所规定的"公司"主体的立法本义，法律后果是公司既没有在法定程序上得到终止经营的结果，股东的权益也没有得到实现，其他合法财产还可能会受到侵害。

问题二：孙某可以将伍某和杨某两位股东作为被告吗？

案例分析二：根据《公司法》第一百八十八条规定："公司清算结束后，清算组应当制作清算报告，报股东会或者人民法院确认，并报送公司登记机关，申请注销公司登记，公告公司终止。不申请注销公司登记的，就由公司登记机关吊销其公司营业执照，并予以公告。"即，公司是依法设立，就应该依法注销。否则就会造成公司的债权、债务及国家税收等责任的灭失。因此将其他两股东作为被告，诉讼主体是不合法的，只有将营业期限届满的公司作为申请解散的诉讼主体才是合法的。

14.2 ｜ 合伙人与股东的角色定位

不管是合伙人还是股东，他们都直接代表着企业。合伙人或股东不仅要"内合"，而且要"外合"。

内合是指股东内部意见严格按章程的约定，维护公司的运行秩序，做出相应的决策，保护公司和股东利益。创业之所以需要股东，需要合伙人，就

是因为个人有发展瓶颈。在选择合伙人或股东之前，就要先对自己有一个"画像"，判断自己是领袖型创业者还是属于追随型的创业者。

外合是指股东或合伙人成立的企业，在商事行为中的意念、主张的表现，主要包括在法律法规规定范围内规范经营、管理层选聘、经营中的各种决策判断等，这一系列的行为都要求公司由内合达到外合，对外主张一致，不一致导致的风险也是由合伙人或者股东共同承担连带责任。

14.2.1　合伙人

根据在不同阶段，不同作用，合伙人有三个角色，这里的合伙人不仅指合伙企业里的合伙人，也包括法人企业里的股东，泛指共同成就一番事业的自然人，如图 14-1 所示。

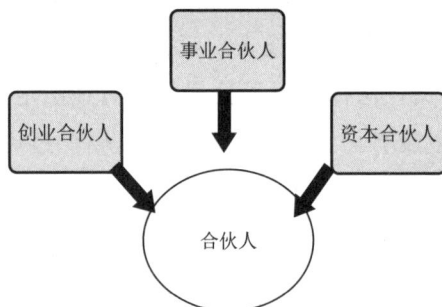

图 14-1　合伙人角色

14.2.2　案例——结业清算，大股东藏匿账目

我们通过几个案例分析。

2022 年 5 月，某会计师事务所接到一个客户 A 的诉求，要求将公司资产、账目进行全面清查和结业清算。客户 A 经营的项目是一处茶庄，股东由两个自然人组成，茶庄在一个写字楼比较集中的小区内，经营面积 300 平方米。清算的原因是由于疫情期间，茶庄几乎没客流，开着也是白白耗费租金。客户 A 是这个茶庄的小股东，占公司股份的 40％，平时没有打理过茶庄，只是有朋友需要买茶叶或者想找个地方谈谈事情，会把客源推荐到茶庄。经营期间公司大股东屡屡提出公司入不敷出。客户 A 已向公司陆续投入了 300 多万元，后来通过朋友了解一些经营风险，洞察到经营中可能存在很大的问题。

所以他发起了进行全面清算的要求。

那么，股东有清查账目的权利吗？我们来看看《公司法》的相关规定：

> 参见《公司法》第三十三条第二款规定，股东可以要求查阅公司会计账簿。股东要求查阅公司会计账簿的，应当向公司提出书面请求，说明目的。但是，公司有合理根据认为股东查阅会计账簿有不正当目的，可能损害公司合法利益的，可以拒绝提供查阅……

可见股东查阅会计账簿须履行一定程序外，还不能有不正当目的。如果有不正当目的，公司则可以拒绝查阅。

基于本案例不存在《公司法》所述的例外情形，A 股东是可以正常查阅账目。案件的实际情况印证了这个判断，大股东 B 也同意由第三方进行账目清算，并在双方律师的见证下，签署了清算的《股东会决议》。

在第三方审计进场后的第二天，戏剧性的一幕出现了，在我们审计第二天要求完善一些资料的盖章手续时，大股东将所有的会计凭证档案隐匿，并拒不交出，电话和微信都无法与之联系上。小股东发现事情不妙，在与律师和我们第三方审计公司沟通后，做了报警处理。那我们再来看看，股东隐匿会计凭证档案需要承担哪些责任？

参见《最高人民法院关于适用〈中华人民共和国公司法〉若干问题的规定（二）》：

> 第十八条　有限责任公司的股东、股份有限公司的董事和控股股东未在法定期限内成立清算组开始清算，导致公司财产贬值、流失、毁损或者灭失，债权人主张其在造成损失范围内对公司债务承担赔偿责任的，人民法院应依法予以支持。
>
> 有限责任公司的股东、股份有限公司的董事和控股股东因怠于履行义务，导致公司主要财产、账册、重要文件等灭失，无法进行清算，债权人主张其对公司债务承担连带清偿责任的，人民法院应依法予以支持。
>
> 上述情形系实际控制人原因造成，债权人主张实际控制人对公司债务承担相应民事责任的，人民法院应依法予以支持。

最高人民检察院、公安部 2022 年 4 月 29 日联合发布修订后的《关于公安机关管辖的刑事案件立案追诉标准的规定（二）》：

第七条 ［妨害清算案（刑法第一百六十二条）］公司、企业进行清算时，隐匿财产，对资产负债表或者财产清单作虚伪记载或者在未清偿债务前分配公司、企业财产，涉嫌下列情形之一的，应予立案追诉：

（一）隐匿财产价值在五十万元以上的；

（二）对资产负债表或者财产清单作虚伪记载涉及金额在五十万元以上的；

（三）在未清偿债务前分配公司、企业财产价值在五十万元以上的；

（四）造成债权人或者其他人直接经济损失数额累计在十万元以上的；

（五）虽未达到上述数额标准，但应清偿的职工的工资、社会保险费用和法定补偿金得不到及时清偿，造成恶劣社会影响的；

（六）其他严重损害债权人或者其他人利益的情形；

第八条 ［隐匿、故意销毁会计凭证、会计账簿、财务会计报告案（刑法第一百六十二条之一）］隐匿或者故意销毁依法应当保存的会计凭证、会计账簿、财务会计报告，涉嫌下列情形之一的，应予立案追诉：

（一）隐匿、故意销毁的会计凭证、会计账簿、财务会计报告涉及金额在五十万元以上的；

（二）依法应当向监察机关、司法机关、行政机关、有关主管部门等提供而隐匿、故意销毁或者拒不交出会计凭证、会计账簿、财务会计报告的。

14.3 ┃ 股权的设计

股权作为公司的顶层架构设计，最好在设立之初就引起足够重视和精心规划。股权设置是出资人根据其出资比例确定的，有限责任公司的股东以其认缴的出资额为限对公司承担责任，股份有限公司的股东以其认购的股份为限对公司承担责任。因此，股权设置对股东权利的享有、责任的承担起着重要的作用，同时也存在很多法律风险。

14.3.1 股权的含义

股权是有限责任公司的股东对公司享有的人身和财产权益的一种综合性

权利。即股权是股东基于其股东资格而享有的，从公司依法获得资产收益、参与重大决策和选择管理者等权利，具体来讲，股东拥有以下权利。

1. 财产权

财产权包括：

（1）发给股票或其他股权证明请求权；

（2）股份转让权；

（3）分红权、股息红利分配请求权、资产收益权；

（4）优先认购新股权；

（5）公司剩余财产分配权。

2. 管理参与权

管理参与权包括：

（1）股东临时召集请求权或自行召集权；

（2）出席股东会并行使表决权，即参与重大决策和选择管理者的权利；

（3）知情权（有限公司股东查阅复制权、股份公司股东查阅权）；

（4）诉权；

（5）公司司法解散申请权；

（6）对公司经营的建议与质询权。

股东拥有股权，便能行使上述基本权利，但其是否能够影响或控制公司董事会、股东会决定，其核心因素是表决权、章程约定、股东协议、议事规则等。

14.3.2 避坑的三大模型及案例

1. 模型一：集权型的股权结构

一个股东一般拥有公司股份的 50% 以上，对公司拥有绝对控制权。这是集权型的股权结构。这种一股独大的股权架构缺点如下：

董事会、监事会和股东会形同虚设，"内部人控制"问题严重，企业无法摆脱"一言堂"和家长式管理模式。但在公司进入到规模化、多元化经营以后，缺乏制衡机制，决策失误的可能性增加，企业承担的风险会随着公司实力的增强而同步增大。

一股独大终将导致企业的任何经营决策都必须通过大股东进行，其他小股东逐渐丧失参与公司经营管理的热情。一旦大股东出现状况，如大股东意外死亡或被刑事关押等，直接导致企业无法正常经营决策。等到一切明朗的时候，企业已经被推到了破产的边缘。

1998 年底，雷士照明公司（以下简称雷士）吴某江出资 45 万元，他的另外两位同学杜某与胡某宏各出资 27.5 万元，以 100 万元的注册资本在惠州创办了雷士，从股权结构看，吴某江是占比 45% 的单一大股东，而相对两位同学的合计持股，他又是小股东，如图 14-2 所示。

企业创立开始，三位股东优势互补，胡某宏主管市场营销，吴某江负责工厂管理，杜某负责调配资金及政府等资源，正是在这种"有控制权，但又被制约"的结构中，

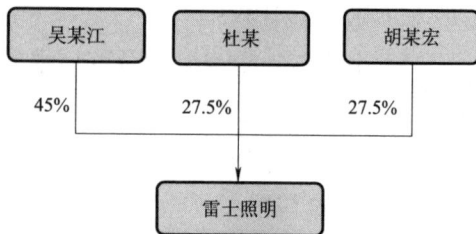

图 14-2　雷士照明初创期股权架构

三位同窗合理将企业迅速做大，第一年销售额即达 3 000 万元，以后每年以100% 的速度增长。2003 年销售额超过 3 亿元，2005 年超过 7 亿元。

但是，随着企业做大，股东之间悄然产生分歧。首先，对于钱怎么用三个股东看法不一，吴某江一直想把企业做大，赚了钱就要投入，而其他两位股东希望赚了钱要分红。2005 年，吴某江主导雷士进行渠道变革，三位股东矛盾全面爆发，其他两位股东激烈反对吴某江的改革方案。吴某江打算从全国上百家经销商中选出规模较大的数十家，并把他们整合为 35 个运营中心，其角色不再是单纯的销售职能，而是当地的物流、资金和出货平台，肩负区域内的服务与管理工作。其他规模小的经销商，则与各省的运营中心挂钩，不再由雷士统一管理。两位股东认为，这样做风险太大，因为商业模式变革的分歧，双方上升到企业分家的局面。

在董事会上，两位同学同时反对吴某江的做法，最后企业作价 2.4 亿元，他们答应吴某江从企业拿走 8 000 万元，作为交换，吴某江在企业拥有的股权归其他两位股东。三天之后，全国各地的经销商赶到雷士，经过投票表决，全票通过吴某江留下，其他两位股东各拿 8 000 万元离开企业。

2. 模型二：平衡股权结构

所谓平衡股权结构，是指公司的大股东之间的股权比例相当接近，没有其他小股东或者其他小股东的股权比例极低的情况。在设立公司过程中，如果不是一方具有绝对的强势，往往能够对抗的各方会为了争夺公司将来的控

制权，设置出双方均衡的股权比例。

某有限责任公司，有股东三人，甲、乙两名股东各占 45％的股份，丙占 10％的股份。按照《公司法》规定，股东会决议需要超过半数的表决权股东同意才有效。甲、乙一旦意见不同，则丙支持哪一方，哪一方的意见就能够形成有效决议。甲、乙发现这一情况后，都有意拉拢丙。最终的结果是丙实质上控制了公司的发展走向。

上面案例所产生的问题都说明，平衡型的股权架构极容易损害公司利益。导致公司控制权与利益索取权的失衡。股东所占股份的百分比，只是在分红时起作用，并不意味着每个股东对公司的运营能产生影响，尤其是一些零散的决策权，总是掌握在某一个股东手里。零散决策权必将带来某些私人收益。股东从公司能够获得的收益是根据其所占股份确定的，股份越高其收益索取权越大，就应当有对应的控制权。当公司的控制权交给了股份比例较小的股东，其收益索取权很少，必然会想办法利用自己的控制权扩大额外利益。这种滥用控制权的法律风险是巨大的，对公司和其他股东利益都有严重的损害。

3. 模型三：股权代持

股权代持又称委托持股、隐名投资或假名出资，是指实际出资人与他人约定，以该他人名义代实际出资人履行股东权利义务的一种股权或股份处置方式。

《最高人民法院关于适用〈中华人民共和国公司法〉若干问题的规定（三）》（2020 年修正）在原则上认可了股权代持协议的法律效力，但认为股权代持协议当然有效则是一种误解，因其第二十四条第一款中明确规定"有限责任公司的实际出资人与名义出资人订立合同，约定由实际出资人出资并享有投资权益，以名义出资人为名义股东，实际出资人与名义股东对该合同效力发生争议的，如无法律规定的无效情形，人民法院应当认定该合同有效。被代持人也被称为"隐名出资人"或"隐名股东"。

隐名出资，是指一方（隐名股东）实际认缴出资额，但公司章程、股东名册及其他工商登记材料记载的出资人却是他人（显名出资人），隐名出资者即是隐名股东。

实践中，隐名股东的存在是比较普遍的，而其中的法律关系又比较复杂，涉及股东权利的行使和股东责任的承担问题。隐名出资存在的诸多风险，主要体现在以下几个方面。

（1）隐名股东和显名股东之间协议缺失或不完善的法律风险。

隐名股东与显名股东之间的具体权利义务，通常是以双方隐名出资协议的方式确定的，比如双方的出资比例、利益分配问题、纠纷解决方式等。由于双方有一定的信任基础，隐名股东往往忽视书面出资协议的重要性，经常仅依靠"君子"协议或者内容不完整的协议，即着手实施巨额投资项目。由于缺乏明确合法的依据，一旦出现问题，双方可能相互推诿责任或者争夺利益，从而引发纠纷。

（2）协议效力不被确认的法律风险。

关于隐名股东出资协议的效力，目前我国法律还没有明确的规定。实践中，隐名股东与显名股东之间发生纠纷，更多的是依赖于法官的自由裁量权。一旦协议效力不被确认，事情的处理方式很可能与出资人最初的设想产生较大的差异。

（3）涉及第三人交易引发的法律风险。

隐名股东和显名股东之间确定的权利义务的协议，一般情况下可以作为双方权利义务的依据。但是，由于隐名出资的特殊性，隐名股东与显名股东之间的约定，如果没有明确告知，第三人通常是不可能知晓的。根据我国法律规定，隐名股东是不能以工商登记不实来对抗第三人的。从另一方面讲，隐名股东很容易因此陷入交易的被动局面。

14.3.3　战略型股权架构及案例

1. 含义

股权架构在企业不同的生命周期会出现不同身份的"人"，主要有创始人、创业伙伴、财务投资人和战略投资人。而战略型的股权架构往往是在企业商业模式基本确定或产品在同行业或某个领域突破了一定的技术瓶颈，处在比较领先的地位，这时需要通过自己不擅长的某方面来开拓市场，打开局面，或者想往更高的领域发展时，就会通过股权融资方式来引入投资或创业伙伴，由此就产生了"战略型股权架构"。

战略投资者是指具有同行业或相关行业较强的重要战略性资源，与上市公司谋求双方协调互补的长期共同战略利益，愿意长期持有上市公司较大比例股份，愿意并且有能力认真履行相应职责，委派董事实际参与公司治理，提升上市公司治理水平，帮助上市公司显著提高公司质量和内在价值，具有良好诚信记录，最近三年未受到证监会行政处罚或被追究刑事责任的投资者。

2. 优势

战略性股权架构有哪些优势呢？

（1）战略投资者能带来大量资金；

（2）战略投资者能带来先进技术和管理，能促进产品结构、产业结构的调整升级；

（3）战略投资者与创始人业务联系紧密，拥有促进创始人业务发展的实力；

（4）战略投资者长期稳定持股。战略投资者持股年限一般都在5～7年以上，追求长期投资利益，这是区别于一般法人投资者的首要特征。

（5）战略投资者持股量大。战略投资者一般要求持有可以对公司经营管理形成影响的一定比例的股份，进而确保其对公司具有足够的影响力。

（6）战略投资者追求长期战略利益。战略投资者对于企业的投资侧重于行业的战略利益，其通常希望通过战略投资实现其行业的战略地位。

（7）有动力也有能力参与公司治理。战略投资者一般都希望能参与公司的经营管理，通过自身丰富的先进管理经验改善公司的治理结构。

3. 劣势

战略性股权架构有哪些劣势呢？

（1）战略投资者会加入董事会参与管理且对创业者的权利有限制。战略投资者不同于财务投资者，他们一般会比较积极地、深入地介入公司的经营管理。因此，公司的原股东需要放弃一部分控制权，如果战略投资者持有股权比例较高，或者公司股权比较分散，原股东特别是控股股东的股权很容易被稀释，甚至可能会丧失对公司的控制权。

（2）战略投资者的加入会要求企业改变传统的管理方式与国际企业运行规则接轨，不断创新管理模式，创业者对此可能会有一个艰难的适应过程。

（3）战略投资者的加入会要求财务规范化、财务信息透明化、公司信息透明化，创业者对此也会有一个适应过程。

（4）战略投资者也会存在有恶意收购的情形。如果企业存在着资源和技术的独特性和很强的市场控制力，就很容易"引狼入室"，由于管理权和控制权逐步弱化，被拥有先进经验的战略投资者牵着鼻子走，失去了主动权，成了傀儡或跳板，最终导致被战略投资者吞并。

4. 架构

战略性股权架构的常见架构，如图 14-3 所示。

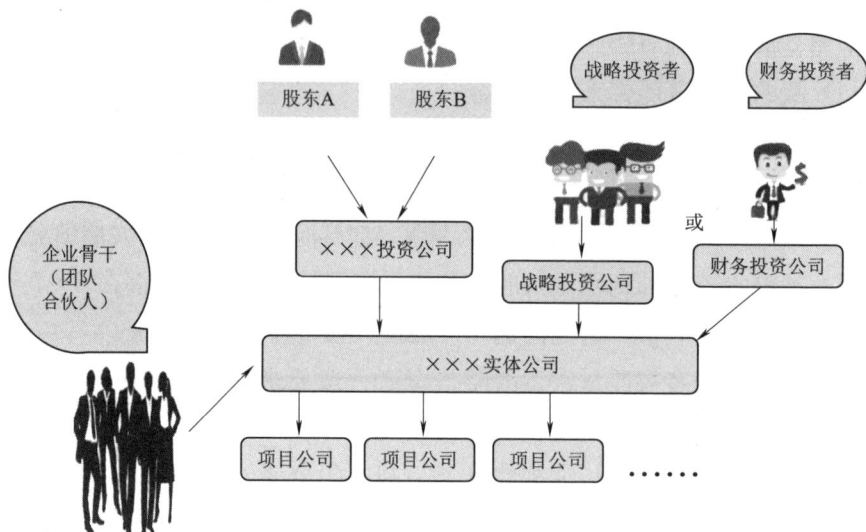

图 14-3　常见的战略性股权架构

5. 案例

下面是某网络甲品牌的成长，如图 14-4 所示。

图 14-4　品牌成长时间轴

公开资料显示，四川甲文化传播公司拥有包括乙、丙在内的多数商标，四川甲文化传播公司的股权架构，如图 14-5 所示。

实际上，丁和丙的关系，就是品牌运营方和个人的关系。丙是丁最能赚钱的人，离开了丙，丁也无价值可言。虽然丙的流量和名气很大，但食品的营销推广费用一向高得吓人，几千万元销量的利润可能拿来填营销成本都不够，实际上丙相关食品也确实并不赚钱。

我们重新回到他们的股权架构上来分析李某"受伤"的原因。对于丙这种模式，李某自己占 49%，丁占 51%，接下来投资的人都投入到丁，那么听

204

起来似乎不存在 10％的小股东出来搅局的情况。按照《公司法》的规定，有许多的重大事项是需要三分之二表决通过的，那么如果丙不同意，丁达不到三分之二，的确是无法通过的，但是大部分的事项都是丁一方可以决定的。所以 51％∶49％是一种糟糕的结构。

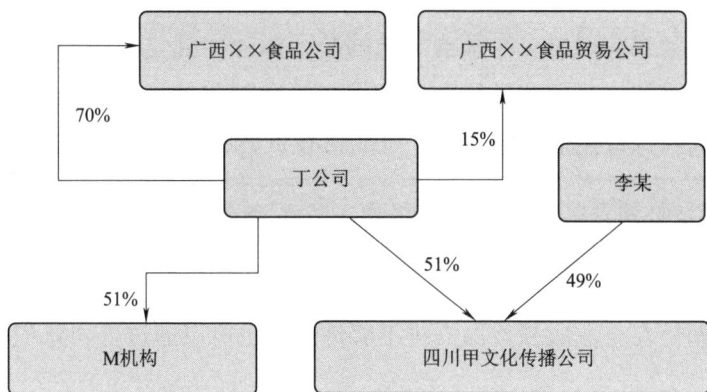

图 14-5　股权架构图

本章小结

通过以上的案例我们该如何通过股权架构设计掌握公司控制权、保护自己的权益？从专业角度看，提供以下三个方法供大家参考。

1. 股东两人，大股东控股 67％以上

从企业成长周期来看，初创企业比较适合自然人架构，设计简单，而且前期发展也够用。比如子柒文化这样的公司，股东仅有两个，建议出资或出技术等持股 67％以上，这样能拥有三分之二以上的表决权，而且公司发展后期即使引入其他股东，也不会使股权太分散，避免股权被稀释、控制权旁落。

2. 分股不分权

公司股东最重要的权利是资产收益权和参与公司经营的决策权，这两个权利是可以分开的。

对于投资方来说，他们更在意的是资产收益权，除非公司发展失控，一般情况是不会干涉公司经营。因此很多企业会搭建一个有限合伙企业作为持股平台，将投资者定为有限合伙人，只享受分红权；实际控制人为普通合伙人，掌握实际经营权和控制权。以此来实现分股不分权。

除了搭建有限合伙企业持股平台之外，创始人还可以通过与公司高管，甚至其他股东签署"投票权委托协议"或"一致行动协议"，将公司投票权集中到自己手中。

3. 善用公司章程

李子柒如果前期要求在子柒文化的公司章程中规定，她在决议时拥有超过半数的表决权，至少在子柒文化公司中不会如此被动。这个办法可以在引入资本的同时保证创业者的利益，也能对投资方有更强的制衡力。

> 参见《公司法》第四十二条提出：股东会会议由股东按照出资比例行使表决权，但公司章程另有规定的除外。

所以即使在企业股权架构安排不够理想，也可以通过公司章程来补救。

第 15 章

退出前不准备，退出后两行泪

都说相爱容易，相处难。经营公司又何尝不是如此！创业之初没钱没人没办法，两条腿不绑在一起可能就是"死"，一旦企业发展到一定阶段，创业合伙人（股东）对公司的治理理念就会产生分歧。正所谓的人各有志。

15.1 | 发展路上的殊途同志

"志"指的是人与人之间，彼此志向、志趣相同，理想、信念契合。宋代陈亮的《与吕伯恭正字书》之二中说："天下事常出于人意料之外，志同道合，便能引其类。"在企业经营中，更需要求同存异。"道"不同，其实就是"志"不合。现实道不合而分家案例比比皆是。

先来看大家比较熟悉的真功夫餐饮管理有限公司（以下简称真功夫）案例，这家企业目前还在经营中，但很可惜因为内讧而没有把握好机会进入资本市场。我们先来看看他们的股权结构，股东潘宇海与蔡达标在真功夫股权比例各占 41.74%。如图 15-1 所示。

所有动因的背后都可能有一双"利益"的推手。在潘宇海解决了中式快餐无法标准化的难题后，真功夫开始逐渐扩张。但到了后期，负责门店扩张的蔡达标作用明显更大，双方因此产生了很多纠纷，蔡达标将潘宇海赶出企业核心层。无奈之下潘宇海找到蔡达标职务侵占的把柄，蔡达标因职务侵占罪被判了 14 年的有期徒刑。这场股权之争，潘宇海表面上看是赢得了真功夫，可实际却影响了真功夫的资本运作计划，使得本应尽早上市的真功夫失去了抢占市场的良机，也失去了能和肯德基麦当劳在中国三分天下的机会。

（资料来源：简书）

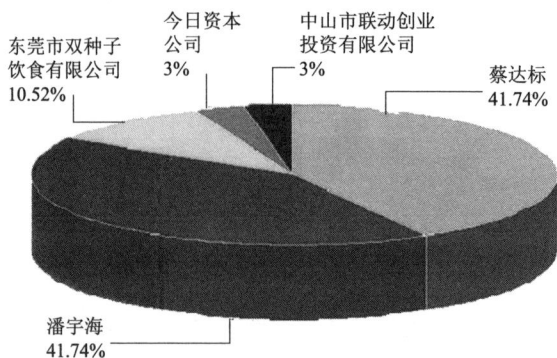

图 15-1　股权分布图

15.2 | 如何华丽或安全的退出

既然"志"不合始终会出现，我们用以末为始的逆向思维思考，作为股东或者合伙人，应该如何提前规划和巧妙应对这样的情形发生呢？

最好的方案是设置好"退出机制"。不管是生意还是游戏，都需要通过规则安排角色，分工合作，应对外部事物等一系列行为动作。退出机制，就是为了在分家时有理有据，并且不伤和气。很企业家也认识到"退出机制"的重要性，但90％的企业在创业之初是不会先考虑"分家"或者说"离婚"的问题。在问题出现后，要不闹得不欢而散，要不诉之法庭。

15.2.1　案例——退出机制的底层逻辑

我们先来看下面因为没有签订合理的退出计划合伙人一直清不出去的案例。

这是一家做遮阳棚的企业，最初股东有两个，李总出资 600 万元，占 60％的股份，肖总出资 400 万元，占 40％的股份。双方都是全职参与经营。

双方在合作的第二年，因为公司经营状况不佳，肖总中途退出合作，另起炉灶，开始从事其他行业的经营，但因为当时没有约定退出条款，肖总走了之后也联系不上，肖总股份的问题就成了一个历史遗留问题，并一直未得到解决。

李总不以为然，一个人继续经营公司。随着大环境的转变，企业知名度的提升，业务逐渐增多，企业在第七年时，年净利润已经达到 5 000 万元。

肖总在企业蒸蒸日上时出现了，并要求李总回购自己的股权，作价 2 000 万元。自己辛苦打拼的事业，获利的居然是没有出力半分的合伙人，李总自然不同意。

经过多次谈判过后，李总最终支付给对方 1 000 万元，至此肖总退出，这一个隐患才算解决。

听完这个案例，你是不是也为李总惋惜和懊恼。是呀，如果在合作之初就约定好合伙人的进入机制、退出机制就可以避免 1 000 万元损失。

15.2.2　解析

上述案例可以从这几方面去规划入手，比如约定全职创业，锁定期为 4 年，如在锁定期外退出，则股权转让给另一方，以一定折价出售，比如 30%～60%。

如果对合伙人能力无法知晓，可授予期权，达到考核条件才能行权获得股份。避免早早授予股权，合作下来发现对方能力达不到预期水平。当然如果合伙人不接受期权模式，也可以采用受限股模式，根据个人情况进行设置。

15.2.3　解决方案

我们到底应该从哪里开始着手去安排"退出机制"？如何让机制有效呢？

1. 股东进入机制

（1）合作之初必须约定最短合作期限，如双方约定最低合作期限为四年，若一方在约定期内主动提出离职，则视为违约，应承担违约责任。

（2）一方从公司退出则其应自愿放弃公司的股权，将股权转让给合同约定的另一方。

2. 股东退出机制（合约期内、合约期外）

（1）合约期内（比如 4 年）退出。

在此期间一方提出退出，则视为其自愿放弃公司股权。回购的价格结合公司的经营状况，进行友好协商；协商不成的，可以按照出资的一定折扣，比如 50%～60%进行回购。

另外，如果公司有债务的，退出一方的股东需按照股权比例先行偿还公司债务。

（2）合约期外，主动退出。

当合伙人在合约期外退出，回购价格有三种：按照最新一轮估值计算；按照公司净资产计算，这种计算方式最接近公司价值的实际情况；按照上年度公司的净利润或者出资价的一定溢价回购。

不管是合约期内退出还是合约期外退出，原股东与公司都没有进行回购的义务。大股东有优先受让权，如果大股东不购买，由愿意购买的股东按持股比例进行购买，原股东不愿意购买，可选择对外转让。

（3）考核不合格退出（约定期内、约定期外）。

● 在约定期内，考核不合格退出。如未达到考核标准或违反公司管理规定，其股权应当从公司退出。其退出价格由双方协商，协商不成的，按照退出方原出资额的 50%计算。

如果企业有外债的，退出方需先按章程约定偿还债务。如果企业在公司盈利情况下，本着公平原则，可适当提高股权转让款的价格。

● 在约定期外，考核不合格退出。

可以参照合约期外主动退出条款的规定进行处理。

3. 股东不配合股权变更工作怎么办

在实践中，可能会发生股东拒不配合办理工作交接、股权变更手续，为避免或减少此种情况发生，可补充以下条款：

（1）一方符合股权退出情形的，应当在发生退出情形之日起 30 日内办理工作交接事项，特殊情况的各方可以签订书面补充协议。

（2）如其股权在市场监督管理局进行登记的，则应在上述手续交接完毕后 15 个工作日内，到市场监督管理局办理股权变更手续，如该股东应当配合变更但不变更的，该股东应按照其股权转让款项的日万分之五支付违约金，直至其办理完毕，违约金最低金额为 5 万元。

（3）为避免一方拖延办理变更情况的出现，股东之间还可约定原股东在办理完毕工商变更手续后，受让一方再支付相应的股权转让款，此做法的目的是敦促退股股东及时办理变更手续。

本章小结

股权退出机制掌握两个要点"一个原则，一个方法。"

"一个原则"是指退出时要客观地承认股东（合伙人）的历史贡献，然后部分或者全部的收回股份，价格则是通过协商出来，可能溢价回购也可能折价回购，一般建议跟退出股东（合伙人）的合作年限进行挂钩。这样既能相对合理的解决退出问题又能稳定好还在继续合作的股东（合伙人）。

"一个方法"指退出价格要考虑的两个因素。因素一就是计算退出价格的基数，是以净资产乘持股比例还是以企业的净利润的一定溢（折）价乘持股比例来计算退出的价格基数？因素二按最近一次公司估值的一定比例来计算。

回购价格的确定，需要分析公司具体的商业模式、公司发展现状，公司现有管理层的态度等，既让退出合伙人可以分享企业成长收益，又不让公司有过大现金流压力，还预留一定调整空间和灵活性。

所以，对于未来很多的不确定性，我们以"末"为始，结果假设导向，做好战略和股权规划；在未来引进投资人时，做好退出约定，防止成果成炮灰，或者另起炉灶的风险。